DEUX GRANDS INDIENS
AU JAPON

Netaji Subhas Chandra Bose

Rash Behari Bose

Georges OHSAWA
(Nyoiti SAKURAZAWA)

DEUX GRANDS INDIENS
AU
JAPON

TRADUIT PAR
CLIM YOSHIMI

PARIS
LIBRAIRIE PHILOSOPHIQUE J. VRIN
6, PLACE DE LA SORBONNE, Vᵉ
1998

© *Librairie Philosophique J. VRIN, 1998*

Printed in France

ISBN 2-7116-4287-9

Le bonheur (combinaison de la paix éternelle et de la liberté infinie) est un autre nom du jugement universel.

Georges Ohsawa

Cet ouvrage a été rédigé en anglais en 1953 au cours du séjour de l'auteur aux Indes.

PRÉFACE

De nouveau, voici que se lève l'aurore de l'Asie... après une interminable nuit d'orage pendant laquelle nous avons perdu dans l'obscurité beaucoup de ceux que nous aimions. Ils s'en sont allés pour ne plus jamais revenir, pourtant ils sont toujours parmi nous ; nous ne les oublierons jamais. Le temps et la distance affaiblissent notre souvenir. C'est pourquoi nous devons créer de grands mémoriaux à la gloire des services qu'ils ont rendus. Les grands hommes sont éternels. La différence entre un homme médiocre et un grand homme réside en leur durée dans le temps et l'espace, c'est-à-dire les dimensions prises dans notre mémoire. Plus longtemps ils vivent dans le souvenir d'une nation ou du monde, plus grand est le nombre de ceux qui les admirent et mieux cela est pour nous qui sommes leurs successeurs.

La mémoire est le baromètre de la grandeur et de la liberté de l'homme. Si vous n'avez pas une bonne mémoire, c'est que votre jugement est plus ou moins voilé, sinon totalement inexistant. Sans mémoire et sans jugement, il n'est point de bonheur. Vous devez avoir une bonne mémoire, non seulement pour vous-même, mais aussi pour prendre conscience que nous pouvons vivre de pair avec l'humanité tout entière, et cela pour toujours. La mémoire est éternelle et infinie afin que vous puissiez laisser votre empreinte sur la mémoire des autres. Et la mémoire est aussi un autre nom de l'amour.

Plus important est le nombre des grands hommes que nous conservons dans notre mémoire, plus nous avons de chance d'être citoyens du Pays du Bonheur Eternel et Infini. Agissons en sorte que nos enfants et nous-mêmes ayons une plus grande mémoire sinon une mémoire infinie.

Je vais donc ici parler des deux grands Indiens au Japon et ajouter ainsi à la longue galerie de la mémoire humaine deux portraits qui méritent notre souvenir. Il s'agit de NETAJI SUBHAS CHANDRA BOSE et de RASH BEHARI BOSE.

Je n'ai jamais rencontré le premier, et le dernier pendant quelques heures seulement. Je suis longtemps resté en prison, précisément à l'époque où CHANDRA BOSE était au Japon. Mais je vis continuellement dans le même pays de rêve qu'eux et je suis le même chemin. Aussi puis-je me permettre de vous dire quelques mots d'eux. De plus, il n'y a pas beaucoup de Japonais qui puissent en parler. RASH BEHARI passa trente longues années au Japon, une partie de la vie s'écoula de cachette en cachette; quant à NETAJI, il ne resta que quelques mois au Japon.

De toutes façons, vous devez avoir une bonne mémoire et laisser une bonne impression à tous ceux que vous rencontrez sur cette petite planète qui est la nôtre, puisque la vie est courte et que l'on ne peut connaître tous les hommes. Plus grande est notre propre mémoire et plus grand est le nombre de ceux qui gardent une bonne impression de notre façon d'agir et de penser, plus grand sera notre bonheur. Si, en ce monde, vous pouvez mener une vie mémorable, alors vous pourrez aider tous les hommes à être heureux. Il ne reste pas un seul mur de la capitale du Saint Empire Romain. En ce monde, tout ce qui a un commencement a une fin et cette fin est triste et laide même si elle a été précédée d'une existence magnifique. Mais le souvenir des grands hommes est éternel.

Plus la mémoire est vaste, plus elle croît en noblesse et en beauté au fil des ans.

Les deux grands Indiens du Japon vivent éternellement et seront de plus en plus aimés par tous au cours des années à venir.

Vive RASH BEHARI BOSE
Vive NETAJI SUBHAS CHANDRA BOSE
Gloire à notre mère l'Inde !

G. OHSAWA

RASH BEHARI BOSE

La guerre d'Indépendance de l'Inde éclata en 1857.
Nous devons en commémorer le centenaire dans quelques années. Nous devons commémorer ce centenaire
sur une grande échelle et en lui attachant la plus grande
importance. Nous devons le commémorer à tout prix, car
il s'agit d'une des guerres les plus grandes et les plus
mémorables. Mémorable, car ce fut une longue guerre
entre le plus fort et le plus faible, une guerre entre le
meurtrier et le pacifiste ; une guerre entre la guerre et la
paix ; une guerre entre le destructeur et le créateur, entre
le matérialisme et le spiritualisme. Ce fut le premier coup
de feu tiré par l'Est qui avait toujours été si pacifique, si
inoffensif, libre et beau pendant plus de 5 000 ans, com-
paré à l'Ouest dont l'histoire est écrite avec des larmes et
du sang. Dans cette guerre, les Occidentaux étaient armés
d'engins mortels, tandis que les Orientaux n'avaient à
leur disposition que de pauvres armes dédaignées par les
premiers. Les armes et leur cruauté ne sont en réalité
que le symbole de la peur. Plus vous avez peur, plus
nombreuses et plus grandes sont les armes que vous désirez avoir. Les Occidentaux sont les créateurs d'armes
sinistres, tandis que les Orientaux ont toujours été des
créateurs de paix ; ils ont enseigné et enseignent toujours
que les armes mortelles sont inutiles et nuisibles, qu'il
faut vivre une vie libre et paisible sans machines infer-

nales, et dans la spiritualité, héritage de l'homme. (Même en médecine, qui peut être créatrice de paix, le seul principe des Occidentaux est la destruction et la mort, ce qui est absolument contraire à la mentalité orientale).

En Orient, il existait aussi depuis des milliers d'années des rencontres importantes et mouvementées entre pays, mais cela se plaçait toujours sur le plan culturel, sauf exception, tandis que les accrochages entre pays occidentaux ou l'invasion de l'Orient par l'Occident étaient toujours sanglants.

Le Professeur F.S.C. Northrop, l'un des hommes les plus versés dans la connaissance de la mentalité orientale et auteur de *La rencontre de l'Orient et de l'Occident* a déclaré que l'invasion de l'Est par l'Ouest avait échoué en quatre points : 1) politiquement, 2) par le pouvoir, 3) économiquement, 4) culturellement, et que ce quadruple échec était dû à l'incompréhension de la mentalité orientale (la « mentalité primitive » du Professeur Lévy-Bruhl). Peu de temps après la dernière guerre, je tentai de convaincre Northrop, de lui faire comprendre « l'incompréhensible » philosophie orientale dans sa nouvelle interprétation. Je lui écrivis six interminables lettres ouvertes. Enfin, il tomba d'accord avec moi, mais d'un point de vue purement conceptuel et étroit, sur la supériorité de la philosophie védantique ou d'Extrême-Orient. Tant est difficile à comprendre notre mentalité dont le point culminant est la philosophie védantique.

Lorsque l'on n'est pas capable de faire comprendre et admirer à son adversaire la supériorité d'une théorie, on se voit contraint de lui tenir tête. Cela n'est pas bon, mais inévitable, tant l'homme est un animal physique, sensoriel et sentimental. Nous sommes obligés d'exprimer notre faculté de jugement supérieure par le langage inférieur de notre adversaire. Mais Northrop reconnut que cela n'était pas beaucoup plus efficace que la force. Convertir par des arguments est plus difficile que convertir par la force. C'est pourquoi l'on fait si souvent appel à cette dernière.

La persuasion idéologique est déjà supérieure. Mais ce n'est pas encore assez. La persuasion humanitaire se trouve un degré au-dessus et elle est plus difficile à réaliser que toutes les précédentes. La plus haute forme de persuasion est donnée par le jugement suprême, la conception du monde ou plus exactement la constitution de l'univers qui est la philosophie védantique. L'histoire de l'homme est l'illustration de cette théorie. Si vous utilisez les mêmes armes que votre adversaire, vous n'êtes plus le produit de la philosophie védantique.

Le 25 décembre 1912, quand le vice-roi britannique des Indes, Lord Hardinge, fit son entrée officielle à Delhi, vieille cité des Moghuls reconvertie en capitale de l'Inde, on lui jeta une bombe. L'explosion ne tua pas le vice-roi. Le révolutionnaire qui avait préparé l'attentat parvint à s'échapper. C'était un jeune homme de 26 ans nommé Rash Behari Bose. Bose s'était donné pour mission de conduire la jeunesse à la révolution contre le gouvernement britannique en Inde. Ce fut le 19 février 1915 qu'éclata la conspiration de Lahore. Celle-ci était également dirigée par le révolutionnaire qui attenta à la vie de Lord Hardinge. Mais elle échoua aussi devant les canons britanniques.

Cette fois, Bose s'enfuit à l'étranger. Je vous dirai plus tard comment il réussit son évasion. Il se rendit au Japon pour obtenir des armes. Son voyage fut fertile en dangers et en aventures. Beaucoup de ses amis furent arrêtés, jugés et emprisonnés après son départ. Il embarqua le 12 mai 1915 sur un vapeur japonais, le « Sanuki Maru » à Calcutta. Il avait alors 29 ans. Il parvint à Singapour le 22 mai. Le même jour, un autre petit bateau japonais le « Banei Maru », parti du même port, transportait un jeune révolutionnaire japonais vers l'Europe. Il voulait bombarder la civilisation occidentale dans le but d'écraser la logique formelle de Kant au moyen de la philosophie universelle védantique. Depuis, il a essuyé de nombreux échecs. Mais 40 ans plus tard, il poursuit toujours son idéal. A l'heure qu'il est, il est près de son dernier voyage, âgé de 61 ans et écrivant ce livre ici à Calcutta. Ce Japonais a survécu à bien des fatalités éprouvantes.

Le jeune Bose à Tokyo

Le jeune Bose débarqua à Kobé, puis partit pour Tokyo au début de juin 1915. Il alla à Changhaï pour essayer de se procurer des armes. Mais il n'y parvint pas, la Chine elle-même étant en révolution. Il y avait d'ailleurs là-bas de nombreux détectives britanniques.

Il revint à Tokyo et y rencontra un jeune révolutionnaire chinois – Sun, le dernier père de la Nouvelle Chine, alors en exil. Une profonde amitié naquit entre les deux révolutionnaires exilés. Un ami intime est la chose la plus précieuse en ce monde. Le nombre de vos amis intimes indique votre degré de liberté et de bonheur. Une amitié intime qui dure toute une vie ne se rencontre que si vous avez des ambitions élevées. L'intimité de votre amitié est égale à votre conception du monde. Si vous êtes coupable de vous faire un ami intime, c'est-à-dire un autre vous-même, alors vous aurez mille fois plus de force. Marx a pu vivre et écrire ses livres révolutionnaires grâce à son unique ami intime F. Engels ; John et Charles Wesley ont pu établir leur église méthodiste en s'aidant mutuellement. Mais il en est beaucoup qui mènent une longue vie d'esclavage faute d'avoir pu se faire ne serait-ce que quelques amis en ce monde où vivent pourtant quelque 250 millions de leurs frères et sœurs. Pauvre entre les pauvres est celui qui ne peut même pas faire de sa femme une amie intime. Ce fut Sun qui sauva la vie de Bose quelques mois plus tard.

Bose organisa une grande réunion pour défendre la cause de l'Indépendance de l'Inde à Tokyo seulement cinq mois après son arrivée le 27 novembre 1915. Les organisateurs indiens de cette réunion étaient Lala Laspat Rai, Herambalal Gupta (représentant des révolutionnaires indiens aux Etats-Unis) et Rash Behari Bose. L'organisateur japonais était mon ami, le Docteur Syumei Ohkawa. La réunion eut lieu dans le fameux hôtel-restaurant Seikoyen dans le Parc Ueno. Le grand hall était décoré aux seules couleurs japonaises. Aucun drapeau britannique. On chanta l'hymne national japonais, mais non pas le britannique. Le discours de Lala Laspat Rai émut tous les Japonais présents. Chaque orateur attaqua violemment la cruauté des Anglais en Inde.

Alarmée par cette nouvelle, l'Ambassade britannique réclama au Ministre japonais des Affaires Etrangères l'expulsion de tous les révolutionnaires indiens actuellement au Japon. Le Ministre s'inclina. La soumission des Affaires Etrangères japonaises aux puissances occidentales et sa cruauté ainsi que sa brutalité envers la nation japonaise sont légendaires. Le ministre des Affaires Etrangères fut condamné par la nation. Le sang coula de nombreuses fois. Des individus désespérés et sans recours concentraient leur haine sur le ministère. Celui-ci était alors aussi confiant envers le gouvernement britannique qu'il l'est maintenant envers les Etats-Unis.

Le matin suivant, Lala Laspat Rai s'enfuit aux Etats-Unis. Bose et Gupta furent convoqués au poste de police et reçurent un ordre d'expulsion. Il leur fallait quitter le pays dans les cinq jours. L'expulsion d'un étranger est un moyen dont abusaient souvent l'Ambassadeur ou le Consul. Ils ne savaient pas ce qu'était la démocratie, ni qu'ils étaient les serviteurs du peuple.

Les deux jeunes Indiens ne s'avouèrent pas vaincus. Ils ne le firent pas, pour l'amour des centaines de millions d'individus. Ils firent appel à tous les Japonais qu'ils connaissaient et à la presse toute entière, et en fin de compte, quelqu'un les introduisit auprès de M. M. Toyama, le vieux chef du groupe des Samouraïs traditionnels. Le mot samouraï correspond à Brahmine aux Indes et non à Kshatriya. M. Toyama accepta d'aider la faiblesse par la non-violence, ce qui est primordial pour un Samouraï.

Le jour suivant, des éditoriaux parus dans toute la presse japonaise ouvrirent le feu sur le ministère des Affaires Etrangères. De nombreux politiciens et avocats éminents firent de leur mieux pour sauver les deux jeunes Indiens. Mais tous les efforts furent vains : ceux-ci devaient partir. Il n'y avait pas de vapeur en partance pour l'Est. Aussi leur fallait-il en prendre un en direction de l'Ouest, ce qui signifiait Changhaï et la police britannique. Le préfet de police Nisikubo déclara que les deux Indiens expulsés seraient embarqués sur un vapeur quittant Yokohama le 2 décembre 1915, et cela par la force s'ils n'obéissaient pas aux ordres. Les pauvres Indiens ne pouvaient plus séjourner ni aux Indes, ni au Japon ! Cependant, ils ne se faisaient pas de souci. Leur seule préoccupation était le sort de l'Inde et de ses centaines de millions d'individus qui devaient être délivrés du joug étranger – sujétion et esclavage.

Personne ne peut imaginer les difficultés provoquées par la détestable brutalité de la police gouvernementale, à moins d'avoir été lui-même dans la même situation désespérée. Je suis l'un de ceux-là.

LE COUPERET DE LA GUILLOTINE

Le 1ᵉʳ décembre, Bose et Gupta, ayant perdu tout espoir, étaient assis tranquillement dans une petite pièce, tandis que les crocs de la police se refermaient de plus en plus. Que pouvaient-ils faire ? Deux jeunes étrangers sans amis, très reconnaissables parmi les Japonais, devaient être déportés par la police sur l'ordre du gouvernement six mois seulement après leur arrivée. Ils n'avaient aucune chance de s'en tirer. Ils étaient prêts à courir n'importe quel risque. Ils étaient condamnés sans avoir été entendus, condamnés pour crime de patriotisme. Ils n'avaient pas le choix ; ils ne pouvaient échapper au couperet de la guillotine. Ce n'était qu'une question de temps : la guillotine devait tomber.

A midi, quelques journalistes vinrent les voir. A ce moment-là, une voiture s'arrêta à la porte de leur petite pièce et un Japonais en descendit. Il les poussa tous les deux dans la voiture et redémarra à toute vitesse. Pendant huit ans, personne, excepté une jeune Japonaise et sa mère, ne sut où ils étaient allés.

DISPARITION DE BOSE ET DE GUPTA

A Tokyo, près de la gare du Sinjiku, l'entrée ouest de la capitale, il y a une boulangerie appelée « Nakamuraya ». Le propriétaire, Monsieur Aizo Soma, s'était beaucoup inquiété du sort des pauvres révolutionnaires indiens, après avoir lu les journaux.

Au matin du 1ᵉʳ décembre, il entreprit un de ses clients dans sa boutique et lui demanda s'il connaissait quelques détails sur les deux pauvres expulsés. Le client lui confia un secret très important. Monsieur Toyama, chef des Samouraïs, faisait de son mieux pour les protéger et les cacher. Soma murmura à son client qu'il pouvait les cacher dans un vieil atelier à lui, actuellement hors d'usage. Il ajouta : « Ce serait une bonne chose que je puisse les cacher. Je ne suis qu'un simple boulanger sans aucun rapport avec eux, de sorte que je pourrai les cacher sans attirer l'attention de la police, n'est-ce pas ? ».

Le client (M. Nakamura, éditeur du journal « Niroku ») se hâta d'aller voir celui de ses amis qui lui avait parlé de la guerre sincère que M. Toyama menait contre le gouvernement. Puis lui et cet ami allèrent voir M. Toyama. Celui-ci passait en revue tous les moyens possibles d'évasion au quartier général qui avait été mis sur pied de toute urgence. Il envoya chercher Soma le boulanger ainsi que Bose et Gupta. Ils arrivèrent au domicile de Toyama qui était cerné de tous côté par la police et les détectives. Bose et Gupta parvinrent à s'enfuir dans la nuit. Vous apprendrez plus tard comment ils purent s'échapper.

Le 2 décembre 1915 était la date fixée pour l'expulsion des deux jeunes Indiens. Tous les journaux de Tokyo annoncèrent en première page leur mystérieuse disparition. Le Préfet de Police fut pris de panique. Quant au Secrétariat des Affaires Etrangères, il était bouleversé. Les recherches se poursuivaient. Bose et Gupta cachés dans l'ancien atelier du Nakamuraya vécurent semaine après semaine, mois après mois, dans une atmosphère orageuse. Le Ministère des Affaire Etrangères proposa un compromis à M. TOYAMA, permettant le départ volontaire des Indiens. La proposition fut rejetée.

Désespoir de Gupta

Mais les deux pauvres jeunes gens ne pouvaient faire un seul pas hors de leur cachette. Leur avenir était sombre. Gupta tomba dans un grand désespoir. Il ne pouvait rester plus longtemps dans le vieil atelier avec Bose qui, lui, était calme et courageux. Il proposa de s'échapper de l'atelier et de s'enfuir aux U.S.A. Bose essaya en vain de le convaincre de l'inutilité de cette tentative. Une nuit, Gupta s'enfuit par la fenêtre et disparut.

Si Gupta avait été pris par la police, Bose aurait été découvert également. Les hommes de Toyama furent tous mobilisés pour l'aider à s'enfuir avant que la police ne le rattrape, mais ce fut inutile. Les jours passèrent...

Quatre jours plus tard, un matin, M. Ohkawa, mon ami, rendit visite à M. et Mme Toyama et leur dit que Gupta était chez lui. Après s'être enfui de l'atelier de Soma, il n'avait pas pu aller bien loin. Il se rendit chez le prêtre chrétien de l'endroit qui habitait à quelques maisons de là. Par chance, il put retrouver son domicile et y passer une nuit, mais il n'y resta pas longtemps, car la maison était trop petite. Alors, il se rendit chez M. S. Ohkawa qu'il avait rencontré dans la rue pour la première fois quelques mois auparavant. M. Ohkawa lui avait donné sa carte de visite et l'avait invité à venir le voir chez lui. Mon ami Ohkawa était alors Président de la Société Asiatique.

A la demande de M. Toyama, M. Ohkawa accepta d'héberger Gupta à ses risques et périls. Par la suite, Gupta réussit à s'enfuir aux U.S.A.

La marine de guerre britannique
bombarde un paquebot japonais

L'Ambassade britannique, poussée par le Gouvernement britannique, engageait avec insistance le Ministère des Affaires Etrangères du Japon à activer les recherches. Un navire de guerre britannique fit stopper par les armes un paquebot japonais qui se dirigeait vers Hong-kong, procéda à un raid tout-à-fait illégal et enleva sept passagers indiens. Après cet acte de violence, tous les citoyens japonais attaquèrent le Ministère des Affaires Etrangères et le mirent en demeure de prendre des mesures efficaces et décisives contre ce raid illégal. Ils allèrent aussi voir l'Ambassadeur britannique pour lui transmettre de violentes protestations nationales. A la suite de cette démarche, le Ministère des Affaires Etrangères annula l'ordre de déportation prononcé contre les deux jeunes Indiens.

C'est en Avril 1916 que Bose sortit pour la première fois de l'ancien atelier du Nakamuraya après quatre mois et demi de retraite forcée. Durant ces quatre mois et demi, Bose avait gagné l'amour de tous les membres de la famille Soma et il avait appris le japonais par ses propres moyens. C'était un véritable linguiste. La manière dont il parlait et écrivait le japonais impressionna et toucha profondément tous les Japonais qu'il rencontra par la suite.

Les poursuites de l'ambassade britannique

Bose put sortir du vieil atelier, mais les poursuites britanniques devenaient de plus en plus menaçantes. Il fut obligé de changer de retraite 17 fois pendant les 9 années suivantes, jusqu'à sa naturalisation le 2 juillet 1923. Il ne pouvait rester longtemps au même endroit. Il s'installa ici et là, quelquefois pour un jour ou quelques nuits, quelquefois pour plusieurs mois ou une année entière.

L'Ambassade britannique engagea un groupe de détectives privés et offrit une prime pour la capture de Bose. Mais M. Toyama s'arrangea toujours de manière à dépister les gens de l'Ambassade britannique et le groupe de détectives.

Mais il était difficile de garder sans interruption le contact avec Bose. Qui pouvait porter les messages de M. Toyama? Les hommes ne pouvaient le faire pour des raisons bien évidentes. On devait trouver quelqu'un dont la fidélité était à toute épreuve, quelqu'un d'assez rusé pour donner le change aux détectives et aux nombreux individus suspects. Qui pouvait mener à bien cette tâche difficile? Cette question tourmentait beaucoup Toyama. La personne choisie fut Mlle Tosiko Soma, fille aînée du boulanger Soma.

MONSIEUR ET MADAME SOMA

Bose pouvait être assassiné à tout moment. Comme les recherches de l'Ambassade britannique se faisaient plus pressantes chaque jour, Soma pensa qu'il fallait que quelqu'un restât constamment avec lui. Monsieur Toyama ne parvenait pas à résoudre ce problème. Il appela un jour Monsieur Soma et lui demanda de donner sa fille Tosiko, âgée de 20 ans, en mariage au pauvre jeune Indien qui était sans cesse sous la menace d'une attaque brusque. Monsieur et Madame Soma demandèrent à leur fille bien-aimée si elle acceptait de sauver

Bose. Elle leur réclama un mois pour prendre une décision.

Les Japonais détestaient les mariages entre gens issus de races différentes. Ils étaient à la fois extrêmement nationalistes et orthodoxes. Toute fille mariée à un occidental, aussi riche, bienveillant ou puissant qu'il fût, était considérée comme la créature la plus détestable du monde. C'était encore bien plus grave s'il s'agissait d'un Indien, d'un Chinois ou d'un Indonésien. Il était inimaginable et considéré comme impossible de marier la fille de *Nakamuraya*, l'un des plus grands et des plus honorables boulangers de Tokyo, à un Indien en exil et menacé de mort.

Qui est Soma? Nous devons d'abord apprendre à le connaître pour comprendre cette histoire. C'est le fils d'un Samouraï. Qu'est-ce qu'un Samouraï? Quelques historiens affirment que le peuple japonais est issu d'un groupe d'Indiens : ils donnent foi à l'histoire selon laquelle Shamva, le fils du Seigneur Krishna, partit de l'Inde il y a quelques milliers d'années et fit voile vers l'Est pour s'installer au pays du Soleil Levant. L'Inde est la mère de toute civilisation orientale. Les Samouraïs sont des descendants de Krishna, le dieu de la Justice, et Shamva est leur père. J'invite mes lecteurs indiens et japonais à de plus amples recherches sur cette histoire « préhistorique ». Mais je peux affirmer, étant moi-même fils d'une honorable famille de Samouraïs, que le Samouraï est le défenseur de la Justice Absolue, et jamais le synonyme de « soldat » ou « mercenaire » qui implique que l'on se vende pour de l'argent. Le fils d'un Samouraï apprenait avant tout l'ordre de l'Univers, c'est-à-dire le principe de la Justice et ce qu'était la vie. Il y a un poème qui enseigne aux garçons et aux filles, au moyen de mots de base très simples, la petitesse de notre vie en ce monde et l'importance de l'ordre de l'Univers qui n'est rien d'autre que la Liberté infinie, le Bonheur éternel et la Justice absolue, principe de notre vie et de l'Univers ou Jugement suprême. Et ces leçons vont de pair avec des exercices physiques qui sont l'escrime japonaise et le judo : ce sont des arts de défense où l'on n'utilise pas sa propre force, et non des arts d'agression. Il est formellement interdit d'attaquer quiconque pour tous ceux qui apprennent le judo, le kendo (escrime) et le tir à l'arc japonais, qui est une sorte de yoga, réalisation de soi-même. (Si vous voulez en savoir plus sur le tir à l'arc japonais, vous devez lire le petit livre écrit par Herrigel, un professeur allemand, et qui a pour titre « Le Tir à l'Arc au Japon ». C'est très intéressant. Vous pouvez lire aussi mon troisième livre en français, « Le Livre du Judo ». (Un étudiant indien s'occupe de le traduire en anglais). Puis venaient la natation, l'équitation, le maniement du javelot, etc. Cet enseignement comprenait les différents moyens d'obtenir la paix et l'amour. Dix-huit arts en tout.

Ce fut au mois de juillet 1918 que Tosiko devint la femme de Bose, après quoi ils changèrent de domicile. Le jeune révolutionnaire indien en exil avait trouvé en cette jeune Japonaise l'amour de sa vie. La première guerre mondiale prit fin le mois suivant. Comment une jeune fille pure comme le lys avait-elle pu se décider à consacrer sa vie à un pauvre exilé dans un pays où une fille mariée à un étranger était honnie de tous ? Elle renonça à tous les plaisirs de la vie sociale pour sauver un Indien sans le sou et menacé de mort à chaque instant ! Elle aurait à mener une vie de proscrit. Pour Bose, cette jeune et belle fille de riche famille (tout le monde connaît Nakamuraya à Tokyo), qui aurait pu épouser un jeune homme riche et intelligent de son pays, renonça à tout. Aucune autre fille, même pauvre et laide, n'aurait accepté d'épouser un étranger, encore moins un Indien noir ! Je peux vous assurer que mieux une jeune fille était éduquée, moins elle avait de chances d'épouser un étranger. Les Japonais étaient nationalistes à 100 % et trop fier de leur pays pour épouser une personne étrangère. Les femmes étaient plus conservatrices que les hommes et les Japonais qui avaient reçu une bonne éducation étaient très traditionalistes et conservateurs. Ils sont fiers de la pureté de leur sang. Il ne s'agit pas du tout de haine raciale. Le peuple japonais tout entier aimait les étrangers et admirait leur culture ainsi que leurs productions. Tous les réfugiés de Corée ou de Chine, si nombreux, ont toujours été bien accueillis depuis des milliers d'années, même dans le village le plus reculé. Le peuple japonais a toujours offert toutes sortes de facilités et l'hospitalité à n'importe quel étranger. Il considérait les étrangers et les mendiants comme d'honorables messagers envoyés par Dieu. Mais jamais il n'aurait permis à leur fille d'être la femme d'un étranger, jamais, à aucun prix. Il s'agissait du vœu de la nation et non de haine raciale. Si aucun Occidental ne peut comprendre cela, en revanche tous mes amis indiens peuvent aisément me comprendre.

Tosiko se consacra corps et âme au bien-être du pauvre fugitif en exil, de même qu'elle offrit sa vie, noble et pure comme le lys, pour l'amour de notre Grande Mère l'Inde! On peut comparer à cela le grand amour de ce jeune Chinois avide de vérité qui, il y a 1 300 ans, accomplit un long voyage de 17 ans, de Pékin à Patua, après avoir fait un grand détour. (Il passa par le côté nord de l'Himalaya en direction de l'extrémité occidentale des montagnes et il obliqua vers le sud pour pénétrer en Inde). Tosiko épousa un pauvre Indien obscur et aux abois au lieu de faire un riche mariage avec un jeune Japonais brillant et plein d'avenir. Quelle noblesse d'âme!

Elle était fille de Samouraï. Elle était à même de convaincre tous ceux qui croient que les Samouraïs correspondent à Kshatriya, ce qui est la plus grande erreur que l'on puisse faire à propos du Bushi-Do. Les véritables Samouraïs sont des hommes capables d'empêcher toute brutalité, tout meurtre et toute des-

truction sans aucun instrument. S'il leur était permis de
porter un sabre japonais, ils mettaient leur honneur et
leur orgueil à ne jamais le tirer de toute leur vie. La règle
du Samouraï est le sacrifice de sa vie, de son corps et de
son âme, pour la paix et la justice. Tosiko en est un pur
exemple.

On dit que l'esprit du Japon, l'esprit du Samouraï, a
définitivement disparu. Cela se peut, mais nous avons
une Tosiko, fille de boulanger, qui osa épouser un Indien
en exil et sans cesse harcelé par le danger. N'est-ce pas là
un petit chapitre de la mythologie indienne?

NATURALISATION DE BOSE
ET MORT DE LA BIEN-AIMÉE

En 1919, Tosiko, dans une de leurs retraites, donna
naissance à un fils. En 1922, le mouvement pour le rapa-
triement de tous les exilés à l'étranger s'amorça en Inde.
Mais il y en eut, tel Rash Behari Bose, pour qui le rapa-
triement était impossible, car c'était une question de vie
ou de mort. L'Ambassade britannique persistait dans ses
recherches. Monsieur Toyama avait projeté en secret la
naturalisation de Bose. Le 2 juillet 1923, le proscrit
indien fut enfin naturalisé. Mais le risque d'être enlevé
ou tué persistait toujours. De toutes façons, il put survi-
vre 8 ans après l'ordre de déportation et sa fuite. Ceci
grâce à la fidélité de Toyama, fidélité caractéristique du
samouraï.

En 1924, Bose et Tosiko quittèrent la petite maison du
désespoir et de l'horreur pour le brillant logis de la
liberté. Ils avaient un fils et une fille. Ils pouvaient respirer et parler librement dans leur propre maison pour la
première fois. Mais évidemment ils ne purent jouir –
spécialement Tosiko – d'une vie sociale heureuse dans

cet Empire du Soleil Levant. Il y avait d'autres obstacles : le nationalisme et le conservatisme.

Tosiko quitta ce monde le 4 mars 1925. Elle était délivrée, mais définitivement épuisée après toutes ces années d'horreur où il y avait fallu demeurer caché. Elle laissait derrière elle un époux bien-aimé et deux petits enfants. Elle n'avait que 28 ans. Sa vie conjugale consista en 8 ans de danger passés à se cacher. Elle fut le bouclier vivant de cet Indien en exil.

L<small>E SOUVENIR DE</small> T<small>OSIKO</small>

Après ces 8 années, Bose perdit sa Tosiko. Il allait encore lui falloir combattre pendant 14 ans pour le mouvement en faveur de « l'Indépendance de l'Inde » au Japon. Sans argent et sans armes, il ne pouvait être très utile à son pays natal. Pourtant, il lutta de toutes ses forces. Sans prendre une part active à la guerre sanglante et désespérée que menaient ses camarades en Inde, le révolutionnaire Bose eut à endurer de terribles conditions de vie pendant 30 ans ! Je ne peux imaginer une telle endurance chez un être humain.

Mais, s'il parvint à supporter cette vie difficile et solitaire pendant 22 ans après la mort de Tosiko, ce fut précisément grâce à elle. Tosiko était avec lui. Tosiko et Bose ne faisaient qu'un. Tosiko Bose était vivante. Nous ne pouvons les distinguer l'un de l'autre. Leur union fut parfaite. Je peux vous rapporter une anecdote publiée dans un périodique sous le titre : « Souvenir de ma femme Tosiko » par Rash Behari Bose.

« Voici un exemple de la mentalité du samouraï, mentalité si incompréhensible pour un Occidental. Peu de temps après notre mariage secret, je posai à Tosiko la question suivante :

« Tosiko, m'as-tu épousé parce que tu m'aimais vraiment? »

Tosiko ne répondit pas.

« Puisqu'il en est ainsi, donne-moi une preuve de ton amour. Par exemple, si je te le demandais, te jetterais-tu dans la mer par cette fenêtre? » Tosiko restait silencieuse, mais ses yeux s'emplirent de larmes. Soudain elle se leva et courut à la fenêtre. Je fus saisi de stupeur et bouleversé. Je ne me souviens plus comment j'eus le temps de courir à elle et de l'arrêter... ».

Quelle grossièreté dans cette demande faite à une Japonaise, fille de Samouraï! Bose ne connaissait pas la mentalité japonaise, encore moins celle des samouraïs. La silencieuse petite femme la lui enseigna, non par des paroles, mais par des actes.

« Pas d'excuse, mais le hara-kiri! »

« Accepte toute chose avec le plus grand plaisir puisque tout t'est donné pour exercer ta liberté qui est infinie, tout – y compris le malheur, l'adversité et les difficultés ».

« Ne tue pas les autres, mais donne-toi la mort toi-même si tu veux être le plus aimé de tous. Ne brise pas même une fleur ».

« Ne demande jamais d'aide, mais donne et donne encore. Tu n'as rien créé. Tu es venu au monde nu et les mains vides. Tout ce que tu as, tu l'as volé. Lorsque tu donnes, ne pense pas que tu donnes quelque chose qui t'appartient, mais prends plutôt conscience que tu rends le 1/1000e de ce que tu as reçu ou dérobé. »

« Donne ta vie à n'importe qui, si elle est nécessaire à son bonheur profond et éternel. Donne ta vie à tous, connus ou inconnus, aimés ou détestés. Si tu ne peux donner ta vie que pour quelqu'un que tu connais et que tu aimes, et non pour n'importe quelle personne, inconnue ou détestable, tu es égoïste. Tu dois être ouvert à toute idée nouvelle. Tu dois accepter les autres, tu dois

t'accepter toi-même. Apprends à connaître à tout prix
l'Ordre de l'Univers, et rien d'autre. »

« Tu est libre : tu es dans ton droit, tu es le fils ou la
fille d'un samouraï ».

« Tu ne dois être battu par quiconque. Tu dois vaincre
les autres, non par la force, l'argent, le savoir, la puissance ou les titres, mais au moyen de ton jugement
suprême. Ne mendie pas la sympathie des autres. Ne te
vante jamais et ne chante jamais tes propres louanges.
Pas d'auto-déification. Autocritique ? Fais la critique sans
réserve de ta faiblesse et de ton incapacité ».

« Tu dois avant toute chose et pour toujours retrouver
ton jugement suprême pour avoir la délicate sensibilité
du poète ».

De tels principes d'éducation font des filles et des
garçons réservés, calmes, faibles en paroles, mais forts en
pensée. C'est pourquoi Tosiko ne pouvait discuter avec
son époux. Son éducation était faite.

Mais qui l'avait faite ?

C'était sa mère, Mme Kokkoh, maintenant âgée de 78
ans. C'est grâce à cette mère admirable que Bose survé-
cut et put organiser plus tard l'I.L.L. et l'I.N.A. C'est grâce
à son amour sans limite qu'il put supporter les 22 ans
solitaires qu'il lui restait à vivre sans Tosiko qui avait
laissé à sa mère la garde de ses deux enfants.

Mme Kokkoh Soma vit maintenant seule avec le souvenir de Tosiko et de Bose. Elle est l'auteur du livre
« Eveil de l'Asie ». C'est grâce à ses écrits que j'ai pu
apprendre de nombreux détails sur la vie de Bose
pendant qu'il se cachait. Elle nous en dit beaucoup sur
les 30 longues années que le révolutionnaire passa en
exil – un pauvre révolutionnaire réfugié dans un pays
étranger. Elle nous révèle aussi ce que fut cette mère qui
le protégea, se leva et combattit pour lui à n'importe quel
prix pendant plus de 30 ans, qui n'hésita pas à sacrifier
sa fille bien aimée et qui passa ses derniers moments

seule dans une retraite à se remémorer la vie de son gendre.

Je serais très heureux si je pouvais m'envoler vers Tokyo sur-le-champ pour exprimer ma gratitude à l'admirable mère de Bose et Tosiko. Je suis profondément honteux de ne pas avoir aidé Bose ou Mme K. Soma au moment où ils luttaient contre la police, les détectives, l'Ambassade britannique, le Foreign Office, au moment où ils travaillaient pour l'indépendance de l'Inde et surtout pour une meilleure compréhension entre Japonais et Indiens. Mais j'étais occupé à lutter contre la Police et le Gouvernement pour le salut de la Nation. Je déclare que le gouvernement japonais a été le meurtrier de 5 millions de jeunes gens pendant la deuxième guerre mondiale, dans les pays étrangers et sur les mers lointaines, en omettant de leur fournir les armes et les munitions nécessaires ; il a été aussi le meurtrier de 313 884 femmes, enfants et civils à Hiroshima et Nagasaki. Enfin et surtout, il a tué des centaines de millions de gens en adoptant la médecine et la nourriture occidentales et en les imposant à la nation depuis 90 ans. Mon ennemi était puissant, c'était non seulement un ennemi national ou international, mais c'était aussi l'ennemi de l'humanité tout entière. Je combattais en Europe.

Mais j'aurais pu collaborer un peu plus avec Bose si j'avais su qui était Bose et que Mme Soma ressemblait à ma propre mère, morte voilà maintenant 51 ans. Elle est le type même de l'épouse et de la mère japonaise, mère de garçons et de filles qui rêvent de la chose la meilleure et la plus élevée en ce monde : la liberté infinie, l'indépendance parfaite, la justice absolue, le bonheur éternel et le jugement suprême.

Nous sommes nés avec le jugement suprême universel. J'ai expliqué cela – biologiquement et physiologiquement – dans mon embryologie du jugement suprême. Mais ce jugement suprême et universel est voilé peu à peu derrière ces gros nuages appelés « éducation » par les adultes, la société, les enseignants (ceux-ci sont presque toujours des phonographes incompétents dont on ne peut rien tirer, esclaves dépendants tout-à-fait incapables de lutter pour quoi que ce soit, particulièrement pour la liberté ou la paix), les soi-disant professeurs, les politiciens, les hommes d'église professionnels et les bâtisseurs de fortunes.

Mme Kokkoh Soma ne parle jamais d'elle-même dans ses livres. Ceci est un trait caractéristique d'une véritable mère orientale. Elle ne parle même pas de son infini et poignant chagrin ni de sa solitude glacée. Aucune plainte. Elle se tait. Un caractère d'une telle noblesse ne peut avoir été formé dans aucune de nos universités modernes. L'université produit en masse l'industrie de l'esclavage, l'auto-déification mécanique, des hommes modernes égoïstes. Aucun de ceux possédant une âme élevée n'a été formé dans une université. Ils ont été éduqués par des mères anonymes, travailleuses, pauvres et lucides, par des femmes intelligentes toujours éclipsées par leur époux.

Ce ne sont pas les grands hommes que l'on doit louer et dont on doit garder le souvenir, ce sont celles qui leur ont donné le jour, les mères pleines de grandeur, telles que celles de Disraeli, d'Edison, de Vivekananda, de Ramakrishna.

Qui doit-on admirer le plus, les grands hommes ou bien leurs mères?

Qu'est-ce qui a le plus de valeur? un chef-d'œuvre ou son auteur? Pouvez-vous préférer la symphonie n°9 à son compositeur Beethoven? Eprouvez-vous plus de reconnaissance pour un gâteau ou pour celui qui vous l'a donné? Ceux qui sont la gloire de notre mère l'Inde sont plus reconnaissants envers leur mère de qui ils tiennent toute chose qu'envers qui que ce soit. Ils n'étaient rien d'autre que de simples bébés devant leur mère. Mère, vous êtes l'Amour Eternel, la Liberté Infinie et la Justice Absolue, alors que tant d'autres ne sont que des destructeurs, des meurtriers et des phonographes inutiles.

Mère de toutes les mères, l'Inde dans sa grandeur doit être admirée et vénérée avec la plus profonde dévotion.

Tout notre malheur vient du fait que notre jugement est totalement ou partiellement voilé. Le jugement, dans son développement total, c'est la mémoire à l'état pur et c'est la très grande joie et le très profond sentiment d'unifier infiniment l'univers infini dans son entier. La mémoire est la mère du jugement. Mme Soma a chéri le souvenir de Bose et de Tosiko. Mais elle ne dit rien d'elle-même. Elle est tout-à-fait semblable à la mémoire éternelle – la Mère.

Mais notre jugement est toujours plus ou moins voilé. Presque tous les hommes se servent uniquement de leurs facultés les plus restreintes. L'embryologie de notre jugement, du plus bas au plus haut, est la suivante :
1 – Physique (mécanique, réactionnel)
2 – Sensoriel (douleur et confort)
3 – Sentimental (joie et chagrin)
4 – Conceptuel (satisfaction, mécontentement)
5 – Social (gratitude et lutte)
6 – Humanitaire (étonnement, autocritique)
7 – Universel (réalisation de soi-même, bonheur et paix).

Nous pouvons nous rendre compte d'après cet ordre embryologique du niveau auquel nous appartenons. Si notre vie se déroule comme un film montrant tantôt le chagrin, tantôt la joie, notre jugement est à la 3e étape de son développement – vous êtes un homme sentimental. Si votre vie n'est que monotonie et routine, vous appartenez à l'étape du mécanique et de l'esclavage, c'est le 1er stade, le stade physique. Il en est qui, à l'âge de 60 ou 70 ans, sont encore entre la première et la seconde étape. Si votre vie quotidienne n'est que profonde gratitude et noble effort d'énergie mentale et de créativité, vous êtes à la 5ᵉ étape. Tous les révolutionnaires appartiennent à cette étape. Il existe de nombreux pacifistes qui pleurent jour après jour pour la cause de l'humanité, pour la paix et l'abolition de la guerre et des bombes H parcequ'ils haïssent la guerre ou en ont peur. De tels gens, aussi nobles qu'ils puissent paraître, appartiennent à la 3ᵉ étape, aimer ou haïr étant sentimental. Il se peut qu'ils jouent un rôle important dans une révolution, mais il est très rare qu'ils parviennent à la sérénité totale.

Le bonheur (combinaison de la paix éternelle et de la liberté infinie) est un autre nom du jugement universel.

Parvenir au point du jugement humanitaire est beaucoup plus difficile qu'arriver au niveau de Kanchanjanga comme le disait Gandhi. Mais le passage du jugement humanitaire au jugement universel est un chemin large et uni. Vous pouvez avancer le long de cette avenue en contemplant de beaux paysages dans le lointain, tantôt obscurs, tantôt illuminés.

Plus vite vous escaladerez les montagnes de la vie sans faire de halte, plus vite vous parviendrez au jugement suprême. Si vous vous arrêtez dans une région sûre, à mi-chemin, vous perdez votre temps au lieu de grimper. Vous devez affronter de jour en jour des difficultés toujours plus grandes, et plus vous le faites, plus vous aiguisez et dévoilez votre jugement suprême au fil des minutes. Vous devez gravir le 6ᵉ sommet aux environs de votre 15ᵉ année, luttant nuit et jour contre le froid mordant qui paralyse membres et muscles et la faim permanente qui épuise votre énergie.

Comme nous sommes heureux de posséder cette prétendue éducation qui aveugle le jugement suprême que nous possédions à l'origine! Si cette prétendue éducation ne voilait pas notre jugement suprême dans notre enfance, comme notre vie serait triste et monotone! C'est tout à fait comme si l'on jouait à colin-maillard sans se bander les yeux avec un foulard.

ÉDITION INTERNATIONALE DE L'HISTOIRE DE L'INDE

Bose devait continuer à suivre la longue route du révolutionnaire sans Tosiko pendant 22 ans encore, après ces huit ans pendant lesquels il avait dû se cacher sans cesse.

Il n'avait pas le temps de se laisser aller à son chagrin et au regret de Tosiko. Il devait combattre pour l'indépendance de sa mère patrie où des centaines de millions d'individus menaient nuit et jour un combat sans pitié.

Il se releva de la destruction terrible de sa vie familiale qui avait été si courte. Il avait à marcher sur le corps de Tosiko pour ainsi dire, Tosiko, son bouclier vivant. Sinon, elle ne pourrait reposer en paix. Mais elle était toujours présenter à ses côtés, le protégeant des blessures et des dangers.

Bose fit appel à tous les jeunes Indiens du Japon. En même temps, il lança un appel à ses frères et sœurs japonais afin de tisser des liens plus étroits entre l'Inde et le Japon. Mais son meilleur ami n'était plus !

Il fit tout ce qu'il pouvait pour saisir au vol la moindre chance.

Mais la chance se faisait rare.

Il s'arrangea pour organiser la première réunion de tous les peuples d'Asie grâce à la collaboration du Docteur Ohkawa et à l'Union des peuples asiatiques à Pékin. La première réunion se tint à Nagasaki le 1er août 1926. 11 Chinois, 8 Indiens, 1 Afghan, 1 Vietnamien, 1 Philippin, 20 Japonais, en tout 42 membres y participèrent.

Bose fit cet émouvant discours :

« Nous savons que quelques-uns critiquent notre réunion d'aujourd'hui, disant qu'il n'est pas besoin d'établir une nouvelle union internationale puisque nous en avons déjà une. Mais ces deux unions internationales sont de natures totalement différentes. L'une s'est faite au bénéfice de 500 millions de blancs, l'autre est destinée à 1.500 millions d'Asiatiques.

Pendant des milliers d'années, les Orientaux furent un peuple d'une civilisation, d'une vie spirituelle et matérielle supérieures. En ces domaines, il ne furent jamais inférieurs aux Occidentaux. L'Inde était l'un des trois grands pays et sa philosophie est tout particulièrement la gloire de l'histoire culturelle de l'humanité. L'Union que nous allons maintenant établir est destinée à donner une nouvelle forme à notre civilisation orientale. Ses bases en sont la foi pure et l'amour que nous ressentons à l'égard de l'Inde. Unissons-nous et apportons notre contribution au bonheur de l'humanité tout entière en propageant nos desseins et nos objectifs à travers le monde entier ».

Bose organisa une société indienne et dirigea toujours la jeunesse indienne au Japon.

Depuis 1931, Bose célébrait chaque année au Japon le jour de l'Indépendance de l'Inde correspondant à la réunion nationale aux Indes. Il envoyait à chaque fois un télégramme transmettant les décisions de la réunion. Mais l'Inde était plongée dans les plus cruelles vagues de massacres et soumise à l'exploitation des Britanniques. L'Histoire de l'Inde pendant ces quelques dizaines d'années est un éternel et pitoyable monument de cruauté et d'inhumanité érigé par les Britanniques, sans précédent dans le monde et dans l'Histoire de toute l'humanité depuis 300 000 ans. Il est beaucoup plus grand que le Victoria Mémorial Hall, sans mentionner tant de statues et de monuments de la suprématie britannique disséminés à travers toute l'Inde. Il se peut que le Victoria Memorial Hall soit un jour détruit et qu'il ne reste aucune de ses pierres de marbre blanc, mais le souvenir de l'inhumaine cruauté du peuple britannique sera toujours présent dans la mémoire des hommes.

Personne ne peut lire l'Histoire de la « révolte de l'Inde » sans larmes, sans intérêt, effroi ou chagrin. Celui qui lit l'un des livres écrits par des révolutionnaires survivants ne cesse de se demander pourquoi les Occidentaux sont si avides d'exploiter par la force ce peuple innocent, paisible et souriant, tuant au cours des années des milliers et des milliers d'êtres humains. Cette énigme ne peut être résolue par les Occidentaux, mais seulement par les Orientaux.

Cette histoire écrite par les révolutionnaires survivants et crucifiés doit être publiée en plusieurs langues par un institut spécialement créé dans ce but. Cette publication comprenant les tragiques épisodes de la vie des révolutionnaires en exil ou dans leur patrie doit être distribuée dans toutes les écoles du monde entier. Les autres peuples sont encore étrangers à la tragique histoire de l'Inde pendant ce siècle. Bien plus, cela s'étend sur 200 ans, car l'avenir de tous les peuples de couleur a été menacé par l'exploitation occidentale. C'est l'un des devoirs sacrés du peuple indien. J'ai moi-même décidé d'écrire et de publier deux volumes de l'Histoire de l'Inde en japonais. Mis à part quelques ouvrages, j'ai écrit et publié moi-même quelque 260 livres en japonais et cinq en français pour faire connaître la nouvelle interprétation de la philosophie védantique et la méthode bio-écologique de la médecine ayurvédique, mais ces deux livres sur l'Histoire de l'Inde seront écrits et publiés avec toute la passion possible et à tout prix.

Tous les révolutionnaires de l'Inde, survivants ou non, me guident et m'encouragent dans cette mission sacrée et ils ne seront pas oubliés.

79 HOMMES EN MARCHE VERS LA MER

Aux Indes, Gandhi combattait depuis des années. Le 1ᵉʳ janvier 1930, la déclaration de Gandhi : « L'Inde obtiendra son indépendance totale » fut adoptée à l'unanimité par la réunion du Congrès National de Lahore qui se tint en présence de 15 000 personnes.

Le jour de l'indépendance fut fixé au 26 janvier.

Gandhi réunit un groupe de 79 volontaires seulement et les conduisit de Ahmedabad jusqu'au golfe de Cambay. Ce groupe de 79 volontaires était destiné, non pas à tuer l'ennemi, mais à extraire le sel de l'eau de mer ! Cette opération, depuis le commencement des temps, n'avait jamais été interdite par cette force appelée *loi* dans aucun pays sauf en Inde. Il était tout-à-fait inimaginable qu'une loi aussi inique put être promulguée ! Mais elle fut promulguée par la force. La loi, c'est toujours la force ou la violence. Aucune loi au monde ne peut être à l'origine de la paix. Une paix établie de cette façon ne serait qu'une paix de prisonniers.

Le sel est un des principaux composants de notre sang. L'homme ne peut vivre sans sel. L'homme peut vivre plusieurs semaines sans prendre aucune vitamine, mais pas sans prendre de sel. Si tout le sel naturel était supprimé de sa nourriture, l'homme succomberait beaucoup plus vite que par manque de vitamines. Le sel est beaucoup plus important que les vitamines.

Interdire la fabrication du sel à partir de l'eau de mer, c'est la même chose qu'interdire de respirer l'oxygène de l'air. Ce droit date de la préhistoire et est inhérent à la vie elle-même. Tous les animaux sont nés dans l'eau de mer. Cela est biologiquement justifié et physiologiquement expérimenté. De nombreux assassins occidentaux appe-

lés médecins donnent du sel à leurs victimes au tout dernier moment, après leur avoir interdit le sel dans la
nourriture pendant des mois et des années, spécialement
en cas de maladie de reins.

Quel crime affreux a été commis au nom de cette force
appelée Loi! Cela est la plus grande destruction biologi-
que de l'humanité. Elle est beaucoup plus cruelle que
tout autre grande destruction perpétrée pas les
mitrailleuses Vickers ou Armstrong ou par les deux premières bombes atomiques.

Il m'était tout à fait impossible de comprendre pourquoi les douaniers britanniques armés de mitraillettes
gardaient si sévèrement nuit et jour les collines de sel
déchargé des bateaux, lorsque je visitai le port de
Calcutta en 1915, il y a de cela 39 ans. Je ne comprenais
pas non plus pourquoi ils importaient du sel espagnol
dans ce pays tropical où la chaleur est si grande et la mer
si étendue.

Mais ce ne fut qu'en Mars 1930 que les volontaires de
Gandhi marchèrent sur le golfe de Cambay afin d'y fabri-
quer du sel. Ils furent tous jetés en prison. Quelle
patience! La taxe sur le sel s'élevait à cette époque à 250
fois son prix. Quelle taxe criminelle! La taxation était un
autre nom de cette force et de cette violence qu'est la loi.
Les taxes doivent être complètement abolies dans un
pays de paix et de liberté. (Ou tout au moins un tel pays
doit adopter une mono-taxation). Les gens riches pour-
raient apporter une contribution volontaire. La taxation
moderne est de la piraterie. Elle signifie que l'éducation
donnée par les Occidentaux est mauvaise dans ses fondements et son principe. Elle ne crée pas des hommes,
mais produit des automates fabricants d'argent.

La loi ne doit violer aucun des droits biologiques de
l'homme. Il n'y a ni exception, ni excuse, ni prétexte.
Respirer, manger et boire sont les grands droits biologiques de l'homme. Personne ne peut les violer. Si vous les

violez, vous finirez par être tué vous-même. La consommation du sel est un droit inviolable. Le peuple britannique était aveuglé par le désir d'argent et l'exploitation de peuples pacifiques et innocents. Qui n'aurait honte de cette rapacité? La politique de destruction britannique faisait rage.

Tous les peuples étaient criminels sous la meurtrière loi britannique. De vieux savants furent tués, de jeunes prêtresses mises en prison. Des poètes pacifiques, des instituteurs de villages furent abattus, etc.

Nous avons appris que régner par la force est inefficace et conduit le gouvernement au suicide, même chez des peuples aussi innocents et aussi obéissants.

L' »Ahimsa » est beaucoup plus efficace que tout instrument de mort scientifique. L'Ahimsa n'est pas de la simple sentimentalité ou de la compassion : c'est une action de Dieu!

Bose créa une « villa asiatique » à Tokyo en 1933 pour les étudiants asiatiques. Il dirigea cet hôtel jusqu'en 1941. A.K. Pandey, qui fut jusqu'à la fin l'un des plus fidèles assistants de Bose, fut l'un de ces jeunes étudiants qui y trouvèrent asile. Le maître de « l'Indian Bow Kaniware », l'éditeur de la publicité de presse, M. Nath, se trouvèrent parmi eux.

Bose adopta la méthode de cuisine indienne et dirigeait lui-même la préparation des repas de tous les étudiants. Tous les dimanches il organisait des réunions avec eux.

Il créa également des Amicales indo-japonaises avec ses amis japonais. De nombreux Indiens et Japonais apprécient hautement leurs services encore de nos jours.

Il fit plus d'un voyage pour donner des conférences, non seulement à travers tout le pays, mais aussi en Corée. Son japonais était facile et éloquent. Il mit l'accent sur les liens qui unissaient l'Inde et le Japon, la culture indienne, la vie indienne, la cruauté britannique et l'union de tous les Asiatiques. Partout le public était profondément ému.

Quand il se rendit en Corée en 1934, il eut une grande influence sur les cercles culturels et intellectuels de làbas.

Bose apporta une contribution essentielle au vieux mensuel traditionaliste *Japon et Japonais*. Il devint luimême l'éditeur de *Nouvelle Asie*. Il contribua aussi à l'édition de la *Revue Asiatique*.

Sa *Nouvelle Asie* attaquait sans cesse violemment la politique britannique et on en interdit la parution aux Indes.

Bose était un écrivain puissant et fécond. Il écrivit quelques livres sur l'Inde, la guerre d'indépendance de l'Inde, le folklore indien, etc., tout cela en 10 ans. Quelques-uns d'entre eux devraient être traduits en hindi ou en anglais. Ce sont :

« Vues panoramiques
    de la révolution asiatique »   1929
« Esprit et Humour de l'Inde »   1930
« L'Inde opprimée »   1933
« Histoires du peuple indien »   1935
« L'Inde en révolution »   1935
« Victoires de la jeune Asie »   1937
« Bhagavad Gita »   1940
« Tragique Histoire de l'Inde »   1942
« Discours sur l'Inde »   1942
« L'Aurore de l'Inde indépendante »   1942
« La Lutte pour l'Indépendance »   1942
« Ramayana »   1942
« L'Inde des Indiens »   1943
« Le dernier chant » (traduction de Tagore)   1943
« L'Appel de Bose »   1944

Les œuvres complètes de Bose devraient être éditées à tout prix au Japon et en Inde dans un futur très proche. Elles sont toutes mémorables.

LE TERRIBLE DÉSESPOIR DE BOSE

Les vingt années que Bose passa en exil à se cacher furent bien longues. En 1935, cela fait 20 ans qu'il est en exil.

Il invita à dîner tous les amis japonais qui n'avaient cessé de l'aider si chaleureusement depuis son arrivée au Japon. Il n'oublia jamais de leur exprimer toute sa gratitude. C'est un homme qui appartient au 6ᵉ jugement.

Durant cette réunion, il adressa à ses amis le discours suivant :

— « Les 8 ans que j'ai passés à me cacher furent très pénibles. Mais ils furent en même temps pleins de promesses. Maintenant, grâce à vous, les liens se sont resserrés entre l'Inde et le Japon. Je me dois de vous exprimer ma plus profonde gratitude. Deux de nos amis communs ne sont plus parmi nous, M. Tokonami (ex-premier Ministre) et M. Inu (dito). Je le regrette vivement... ».

Ces 20 années furent effectivement très longues et tout spécialement les 12 ans qu'il passa sans Tosiko. Mais Bose devait endurer des années bien plus difficiles encore. Qui sait combien d'années?

Un jour, peu après la réunion, il rendit visite à son beau-frère et lui dit à brûle-pourpoint :

— « J'ai près de cinquante ans. Rien n'a été fait depuis 50 ans! Je ne sais quand mon rêve se réalisera, ni comment. Dois-je continuer ce mouvement pour l'Indépendance de l'Inde? Que puis-je faire? Que dois-je faire? Je suis bien misérable... ».

— « Qu'est-ce que 50 ans? C'est maintenant que votre travail commence. Pas de sentiment! L'heure viendra, elle sonnera sans faute. J'en suis absolument sûr! « répliqua

Yasuo, le frère de Tosiko. Quelle excellente réponse ! C'est bien là un fils de la famille Soma.

Un jour d'été, Bose se trouvait dans une ville reculée du Nord pour y donner une série de conférences dans un collège d'été. Bose et Ohkawa montèrent dans un petit bateau et s'éloignèrent du rivage. Ils étaient seuls, voguant sur la mer du Japon. Le professeur Ohkawa était l'actuel meneur de la révolte du 26 février 1936 et l'actuel organisateur de l'I.N.A. (India National Army). Ils contemplaient tous les deux en silence le soleil couchant rougeoyant sur les vagues...

Soudain, Bose, éperdument, s'écria :

« O solitude ! ». Il s'écroula au fond du bateau et se mit à pleurer.

Il était submergé par plus de 20 ans de solitude et de difficultés.

Qui peut imaginer un tel esprit de sacrifice ? Il était seul, Tosiko l'avait quitté et sa grande Mère l'Inde était lointaine et en détresse.

La seconde guerre mondiale

En 1937, l'armée japonaise, sous le commandement de ceux qui avaient reçu une éducation européanisée, attaqua l'armée si américanisée de Tchang-Kai-Chek, en représailles contre sa politique et son éducation ouvertement anti-japonaise. Les Etats-Unis, ainsi que le déclara le Professeur Northrop, désireux de monopoliser le marché chinois pour leur énorme production industrielle, aidèrent le gouvernement de Tchang-Kai-Chek. Le conflit sino-japonais prit de l'ampleur.

D'un autre côté, l'esprit samouraï des Japonais, l'esprit de Krishna, fut plus ou moins remplacé par « l'esprit de

l'invasion européenne par tous les moyens », particulièrement parmi les dirigeants militaires.

Ils dirigèrent le peuple japonais qui, moins européa-
nisé et ayant conservé l'esprit samouraï, obéissait très
fidèlement à leurs ordres sans savoir que leurs chefs
étaient à ce points européanisés. Les chefs aussi bien que
les soldats, mais avec un esprit et une morale différents,
entendaient démontrer leur supériorité en apprenant les
méthodes de guerre européennes, fidèles à l'esprit euro-
péen, principe de force. Comment pouvaient-ils vaincre ?
Pourtant ils étaient armés d'instruments de destruction
européens, ils étaient fils de cet esprit samouraï vieux de
milliers d'années, de ces samouraïs qui se faisaient une
fierté de ne pas souiller leur sabre de sang. De plus, ils
n'avaient plus la supériorité physique de ces anciens
japonais, honnêtes, humbles et robustes (qui avaient tant
surpris François-Xavier, Kemper ou Sihoeld), ceci à
cause de la théorie de la nutrition occidentale tout-à-fait
néfaste sous le climat japonais. Quoi qu'il en fut, le
conflit japonais était une chance pour Bose dans son
long exil. Il mis immédiatement sur pied la Ligue pour
l'Indépendance de l'Inde. Trente Indiens se réunirent à
l'Arc-en-Ciel à Tokyo. Ils passèrent un accord et en firent
part au Premier Ministre japonais, à l'Ambassade de
Chine et au Président du Congrès National Indien.

Après vingt longues années d'attente, le jour était enfin
venu.

Bose ouvrit le feu.

Il déclara : « L'Asie aux Asiatiques »

« Que les Blancs retournent chez eux ».

Sa Ligue pour l'Indépendance de l'Inde se développa.
Une réunion de tous les jeunes Indiens fut décidée et s'y
rassemblèrent des représentants indiens mahométans,
thaïs, indonésiens, mongols, mandchous et arabes. Elle se
tint à Sankaïdo, Tokyo, le 28 octobre 1937. La suite de
conférences que donna Bose en une semaine dans les

villes suivantes eurent un public nombreux : Kobé, Tobata, Simonoseki, Hagi, Yamaguti, Fukuoka, Okayama, etc. et Kyoto le 18 novembre. Le circuit de ses conférences couvrit également toutes les régions du Nord.

Son appel retentissant : « L'Asie aux Asiatiques » émut le Japon tout entier.

D'un autre côté, le gouvernement de Tchang-Kaï-Chek se retira à Chung-King. Le gouvernement japonais était déterminé à rendre « L'Asie aux Asiatiques ». Bientôt la Chine de Wam-Sin-Wei donna son accord. Mais pas l'Indonésie hollandaise. Aux Indes, Subhas Chandra Bose déclara : « Le dernier pas à franchir est de couper les relations actuelles entre le Royaume britannique et l'Inde ».

Le sentiment anti-japonais prédominait en Inde. Le poète Tagore attaqua ouvertement l'action japonaise. Partout on fit des reproches à Bose et à Sahai, à cause du sentiment anti-japonais prédominant chez les Indiens. Bose invita Tagore pour son propre compte. Mais Tagore ne vint pas. Le sentiment anti-japonais des Indiens croissait rapidement. Le radical Subhas Chandra Bose publia une déclaration révolutionnaire et fut jeté en prison à Calcutta.

Sri J. Nehru, Vinoba Bhave et beaucoup d'autres furent incarcérés les uns après les autres.

Netaji Subhas Chandra Bose s'échappa des Indes, arriva en Allemagne et entreprit d'attaquer violemment le gouvernement britannique. Il déclara qu'il envahirait les Indes avec une armées de volontaires (janvier 1941).

Le 8 décembre 1941, la guerre fut déclarée entre le Japon et les forces anglo-américaines. La marine de guerre japonaise attaqua Pearl Harbour et détruisit la division réserviste américaine. L'armée japonaise prit pied en Malaisie.

Rash Behari Bose, qui continuait à tonner contre le pouvoir britannique, mobilisa ses amis Sahai, Despandey, A.K. Pandey, Gupta, Singam, Ramamurti, Jesasen, Narain, huit en tout. Ils tinrent une réunion des Indiens au Japon le 27 décembre 1941.

Le 15 janvier 1942, Rash Behari Bose organisa à Tokyo une conférence internationale asiatique afin de repousser les puissances anglo-américaines hors des pays asiatiques. Le 24 janvier 1942, une autre conférence des peuples asiatiques se tint à Osaka.

Par l'entremise de M. Toyama, Bose fut introduit auprès du haut état-major de l'armée japonaise.

Le major Hudiwara avait projeté de faire organiser par des Indiens l'Armée Nationale Indienne. A la demande du haut état-major, Bose s'attela à ce projet. Son dessein était de créer immédiatement une armée nationale indienne en Malaisie et en même temps de mettre sur pied un puissant corps politique, avec la collaboration de tous les Indiens en exil ou actuellement installés dans tous les pays asiatiques hors de l'Inde.

Après des discussions et des négociations prolongées, on donna à Bose la direction de tout ce qui avait trait à l'indépendance de l'Inde. Bose se décida à accepter cette charge écrasante : « Nous ne serons jamais des pantins aux mains du Japon. Nous coopérerons avec l'armée japonaise, mais nous ne permettrons jamais aux Japonais de s'immiscer dans les affaires politiques de notre Ligue pour l'Indépendance de l'Inde ».

Le 16 février 1942, le général Tojo fit une déclaration devant les deux Chambres : « L'Inde est maintenant en train d'échapper au joug du gouvernement britannique et sur le point de coopérer avec nous pour établir une Asie puissante. Le Japon souhaitant la libération des Indiens – l'Inde aux Indiens – fera tout son possible pour aider l'action patriotique des Indiens. »

LA RÉUNION DE TOUS LES INDIENS À L'ÉTRANGER

Le 17 février, Bose tint une conférence de presse à l'hôtel Sanno :

« A tous les frères de l'Inde,

Nous, Indiens, dans notre patrie ou à l'étranger, nous avons combattu le joug du gouvernement britannique au moyen de milliers et milliers de sacrifices, cela depuis une centaine d'années. Mais jusqu'à maintenant, nous ne pouvions atteindre notre but sans armes. Actuellement l'armée japonaise combat pour établir la grandeur de l'Est, l'Asie des Asiatiques, et cela est notre meilleure chance.

Nous tous, frères de l'Inde, coupons toutes relations avec les Britanniques.

Nous tous, frères de l'Inde, levons-nous, unissons-nous et marchons pour notre cause commune avec la puissance de détachement que nous enseignèrent Sri Krishna, le pur esprit de Bouddha, la vérité d'Allah apportée par l'Islam, les enseignements du Guru Gobinda Sing, de Shivaji, et la Satyagraha du Mahatma Gandhi.

Tous les soldats indiens convertis combattent actuellement contre le pouvoir britannique à Hong-Kong et en Malaisie. Leur action nous touche profondément et nous vous demandons de vous joindre à nous pour créer l'Inde des Indiens ».

Ce discours fut retransmis et de tous les coins de la Grande Asie affluèrent des Indiens au Quartier Général de la Ligue pour l'Indépendance de l'Inde.

TOYAMA ALITÉ

18 février – Ceci est un jour très important. Bose, en compagnie de Nair, Despanday et Chokka, se rendit chez Toyama.

Toyama était malade et alité. Mais quand il apprit la visite de Bose, il changea de vêtements, enfila le « Haou » et le « Hakama » qui sont des vêtements de cérémonie et invita Bose et ses amis à pénétrer dans sa chambre. Bose s'inclina très humblement et respectueusement dans le pur style japonais.

— Maître, je vous remercie, l'heure est enfin venue, dit-il, les larmes aux yeux.

Toyama, observant avec attention le visage de Bose, dit :

— Cela a été long. L'indépendance de l'Inde était un rêve depuis longtemps caressé. Mais il est en train de se réaliser. J'ai maintenant 88 ans et j'aimerais suivre votre action jusqu'au bout avant de rendre l'âme...

Cela faisait 27 ans que Bose s'était mis sous la protection de Toyama après avoir glissé entre les mains des policiers et des détectives. Mais l'homme qui l'avait présenté à M. Toyama n'est plus.

A cet instant, Bose revécut les 27 années passées. Il raffermit sa résolution et se mit à l'ouvrage. Il unifia tous les groupes pour l'Indépendance de l'Inde en une seule Ligue pour l'Indépendance de l'Inde.

L'ACTION ÉCLATANTE DES DEUX BOSE

Le 11 mars 1942, la voix tonnante de Netaji Bose se fit entendre depuis la radio de Berlin. Il attaqua violemment la politique du gouvernement britannique et de Cripps. Il dénonça les supercheries de Cripps et conseilla aux Indiens de ne pas se laisser tromper par lui.

Le 13 mars 1942, ce fut la voix de Rash Behari Bose qui éclata à la radio de Tokyo.

Tous les Indiens en exil arrivaient à Tokyo les uns après les autres de Changhaï, Hong-Kong, Bangkok, etc.

De nombreux sympathisants prirent contact avec Bose.

Bose n'était pas isolé. A Bangkok vivait un vieux révolutionnaire, Amar Singh, et son jeune assistant, Pritam Singh.

L'Indépendance de l'Inde se dessinait dans un proche futur. Aujourd'hui encore, je l'ai chaque jour devant les yeux. Le combat pour l'Indépendance de l'Inde fut mené à coups de sacrifices individuels. Il y eut des centaines et des centaines de milliers de Gandhi qui moururent pour cette cause commune, elle fut menée à bien par des millions de soldats inconnus. Vous êtes l'un d'eux ou au moins fils ou fille de l'un d'eux.

Cette grande guerre pour l'Indépendance fut menée par le peuple indien tout entier et non par quelques héros solitaires. C'est la première révolution de l'homme depuis 300 000 ans (d'après Toyaha). Vous avez l'honneur d'appartenir à ce groupe de personnes.

Il n'est pas encore temps de s'asseoir et de se croiser les bras.

Ce n'est qu'hier que la guerre pour l'Indépendance a commencé. Aujourd'hui nous sommes au second jour de cette grande construction. Il y a un long, un très long chemin encore à parcourir.

Comme un ancien Chinois l'a dit : « Si vous voulez bâtir un royaume de Dieu libre et pacifique, vous devez tout d'abord achever de bâtir un pays libre et pacifique. Si vous désirez bâtir un tel pays, vous devez bâtir avant toute chose et à tout prix une famille saine et heureuse. La création d'une telle famille nécessite des matériaux, à savoir des hommes et des femmes libres et pleins de santé. Et ceci vous conduit à la recherche des principes de la vie et de la mort, de la liberté, de la paix et du bonheur – qui sont les signes éclatants d'une vie heureuse ».

Mais vous n'avez pas encore atteint ce but. Vous n'êtes pas du tout en bonne santé. Si vous pensez que votre état de santé est satisfaisant, faites votre auto-consultation en vous reportant aux « 6 conditions de la santé », vous découvrirez à quel point vous êtes malade, malheureux et loin de la liberté.

Il n'est point de richesse sans bonne santé. Je n'ai rencontré que très peu d'hommes en bonne santé depuis mon arrivée dans ce pays il y a cinq mois. Mais si un homme est en bonne santé sans connaître le principe de la vie, de la liberté et du bonheur, il s'agit là d'une santé purement accidentelle. Tôt ou tard, il est probable qu'il perdra cette santé. Un tel homme n'est pas du tout en bonne santé. Un homme en bonne santé, c'est un homme libre, aimé de tous et aimant tout, y compris les difficultés, les vicissitudes et les calamités qu'il considère comme une grande chance d'exercer sa liberté et son jugement suprême. Un homme en bonne santé, c'est un homme qui peut rendre les autres heureux et en bonne santé. Il ne doit rencontrer personne qu'il ne puisse aimer. Il doit aimer tous et tout. Il est l'Amour lui-même, infini et éternel. Il est sain, et cette nature saine est signe de sainteté.

Un homme vraiment en bonne santé ne se plaint jamais. Il y a tant de gens qui se plaignent de leurs maladies, de leur petit salaire, de leur pauvreté, du malheur de leur famille ou de toute l'humanité. Ce ne sont pas des hommes en bonne santé.

Un homme en bonne santé est un homme indépendant. Un pays indépendant est une société de Swadesi-Swarajistes. Vous dépendez toujours de quelqu'un, de quelque loi, de quelque somme d'argent, de quelque remède ou mode de nutrition inventés par d'autres.

Un homme indépendant est un homme qui peut vivre en exil dans un pays étranger, loin de sa patrie, cela pour l'indépendance de son pays. Si vous vivez dans un pays sous le contrôle du pouvoir ou de l'argent d'un autre peuple, alors vous êtes vraiment en exil. Mais vivez-vous pour la liberté, le bonheur et la justice ou simplement pour manger et boire selon votre plaisir et votre convenance?

S'il en est qui ont achevé dans le sang l'installation de la charpente de ce pays sans agir, en pleine santé, pour la liberté éternelle et le bonheur infini, ces gens-là sont des ennemis publics. La guerre pour l'indépendance de l'homme se poursuit. Vous devez vous enrôler sur-le-champ comme simple volontaire. Ne laissez pas passer cette chance. Vous devez avant toute chose établir pour vous-même le principe de la santé. Si vous avez à vous plaindre un tant soit peu de votre santé, vous ne pourrez vous enrôler. Même si vous ne vous plaignez pas, vous ne pouvez vous joindre au groupe de volontaires sans avoir obtenu plus de 80 points dans le « test des 6 conditions du bonheur et de la santé ».

L'indépendance étant une arche de Noé, votre collaboration à la création de l'Indépendance n'est rien de plus que ceci : accepter la tâche écrasante de bâtir une nouvelle arche. Vous devez travailler volontairement. Le travail de toute votre vie doit être un jeu.

TROIS SOLDATS INDIENS

En 1940, trois soldats indiens s'échappèrent de la prison britannique de Hong-kong. Ils furent à l'origine de l'I.N.A. (India National Army) qui se développa par la suite. C'était des révolutionnaires indiens. Ils s'étaient enfuis des Indes et se dirigeaient vers Berlin via la Thaïlande et la Malaisie, unissant partout les révolutionnaires sur leur passage. Ils arrivèrent à Canton à la division japonaises n°21 et réclamèrent des facilités pour se rendre à Bangkok et en Indochine française. On les envoya à Bangkok après un grand détour par Kobé.

Ils atteignirent Bangkok et furent reçus par le vieux révolutionnaire Amar Singh, chef de la Ligue pour l'Indépendance de l'Inde, qui venait exprimer sa gratitude à l'Ambassade du Japon. L'attaché militaire Tamura prit contact avec Amar Singh et son jeune assistant Pritam Singh. Cela se passait en 1940.

En 1941, tout allait mal. Le major Huziwara fut envoyé de Tokyo à Bangkok pour observer les activités des révolutionnaires indiens. Il rencontra Pritam Singh et ils étudièrent tous deux les mesures à prendre lorsque la guerre éclaterait. Ils tinrent quatre conférences et mirent sur pied un plan de coopération indo-japonaise dont les grandes lignes étaient les suivantes :

1) Notre collaboration a pour but de forger entre l'Inde et le Japon – tous deux pays indépendants – une fraternité libre et équitable, et d'établir la paix, la liberté et le bonheur des grands pays de l'Orient.

2) La Ligue pour l'Indépendance de l'Inde se doit de combattre le pouvoir britannique dans le but d'établir la liberté aussi rapidement que possible. L'I.I.L. (Ligue pour l'Indépendance de l'Inde)

accepte avec reconnaissance l'aide du Japon afin de réaliser ce dessein. Mais le Japon n'aura pas le droit de s'immiscer dans les affaires territoriales, politiques, économiques, culturelles et religieuses de l'Inde. Il n'aura aucune exigence ambitieuse.

3) L'I.I.L. comprend tous les Indiens qui sont d'accord pour collaborer dans la lutte anti-britannique, toutes divergences raciales ou politiques étant écartées.

Les deux dernières clauses – n°4 et 5 – définissaient en détail l'action de l'I.I.L. et de l'armée japonaise. Ce fut grâce à ce pacte que tous les soldats indiens de l'armée britannique ne furent pas considérés comme des ennemis.

Ce traité fut mis au point et signé dans la nuit du 1er décembre 1941.

Le 4 décembre, l'Ambassade japonaise de Bangkok reçut un télégramme de Tokyo annonçant que le Japon entrerait dans le combat le 8 décembre. Le 10 décembre, l'organisation de Huziwara et l'I.I.L. entrèrent en action.

Ils se heurtèrent à un bataillon indo-britannique dans le voisinage d'Alorstar. Seul le lieutenant-colonel était britannique, tous les soldats étaient indiens. Huziwara demanda à rencontrer seul l'officier britannique et lui conseilla de se rendre. Celui-ci accepta et ses soldats indiens vinrent grossir les rangs de l'I.I.L. Après la reddition britannique, la ville d'Alorstar fut ravagée par des pillards. L'organisation d'Huziwara n'avait pas de soldats. Huziwara demanda à Pritam Singh de lui adjoindre un des officiers indiens dont il estimait les qualités. Pritam Singh fut surpris. Elever des soldats indiens, qui venaient juste de se rendre, au rang de gardiens de la cité était une démarche risquée. Mais Huziwara avait grande confiance en la mentalité indienne. L'officier désigné était le capitaine Mohan Singh. La sécurité fut rapidement rétablie dans la ville.

Le capitaine Mohan Singh, convaincu et encouragé, se prépara à la guerre d'indépendance de sa patrie. Ce fut ainsi que naquit l'I.N.A. Huzirawa, l'I.I.L. et l'I.N.A. se dirigèrent vers le sud. L'I.N.A. prit de l'ampleur et se mit en marche. L'I.I.L. organisa de grandes conférences dans les villes et les villages...

C'était en février 1941 que débuta l'attaque de Singapour...

LA REDDITION DE SINGAPOUR

Les gardes impériaux attaquèrent le 11 février. La résistance fut très forte. Ils durent faire face à de nombreuses difficultés.

Le chef de l'armée nationale indienne s'avança seul sur la ligne du front et, en termes remarquablement émouvants, il demanda aux officiers et soldats indiens de l'armée britannique de ne pas être traîtres à leur amour pour l'Inde et à son indépendance. Le miracle s'accomplit. Le tir s'arrêta. La politique militaire de Savarkar durant la seconde guerre mondiale commença à prendre forme.

Le discours terminé, des vagues d'acclamations s'élevèrent des rangs des soldats indiens qui se joignirent d'un seul élan à l'I.N.A. Les gardes impériaux japonais étaient béats de stupéfaction.

15 février 1941. Chute de Singapour. Le nombre des soldats britanniques qui s'étaient rendus atteignait 45 000, de même que celui des Indiens. L'I.N.A. enrôla ces Indiens et ses effectifs atteignirent ainsi 50 000 membres. Parmi les Indiens qui venaient de se rendre, on comptait quelque 30 officiers, dont le lieutenant-colonel Gil d'un grade supérieur au capitaine Mohan Singh. Gil devint conseiller de Mohan Singh.

Rash Behari Bose, commandant suprême

Pritam Singh organisait toutes les conférences de l'I.I.L. en Malaisie, Mohan Singh renforçait l'I.N.A. en rassemblant tous les Indiens dispersés çà et là.

On reçut un télégramme de Tokyo...

« M. Rash Behari Bose est sur le point de réunir tous les Indiens de l'étranger pour une conférence à Tokyo sur l'émancipation de l'Inde, sous les auspices du haut état-major. Envoyez les représentants de l'I.I.L. et de l'I.N.A. en Malaisie et en Thaïlande avant le 19 mars. Le colonel Iwakuro est désigné pour diriger le nouvel organisme chargé de la politique indienne ».

Les 6 représentants de l'I.I.L. étaient Pritam Singh, Guho, Menon, Tagoan, Swami et Ayer. Les 3 représentants de l'I.N.A. étaient le capitaine Mohan Singh, le capitaine Agnam et le lieutenant-colonel Gil.

Le 10 mars 1941, ils partirent de Singapour pour Saïgon. A Saïgon, ils prirent deux avions. Les passagers de l'un étaient le colonel Iwakuro, le lieutenant-colonel Huziwara, le capitaine Mohan Singh, le lieutenant-colonel Gil, Ragavan, Guho, Menon. Ils décollèrent le 11 mars. Dans l'autre prirent place Pritam Singh, Swami, Ayer, le capitaine Agnam, l'interprète Ohtaguro. Le second avion décolla deux jours plus tard.

Huziwara et Iwakuro devaient discuter pendant deux jours avec l'état-major du plan de travail sur le territoire indien. L'état-major était trop militariste à leur gré. Les deux officiers défendirent leur propre plan pour l'amour de l'Inde et apportèrent des corrections considérables à celui de l'état-major. Le plan finalement arrêté servait totalement la cause de l'indépendance de l'Inde.

Le 20 mars 1941, une vaste organisation fut créée au restaurant Seiyoken, Ueno Park, afin d'encourager Rash Behari Bose et ses amis. Les organisateurs de la réunion étaient un groupe de 369 Japonais parmi lesquels se trouvaient Toyama, Kanno, Tanabe, Tukuda, Miduno, Miyakawa et Kuzuh.

Après 27 ans d'exil, Rash Behari Bose était aimé de tous. Tous les Japonais étaient ses amis enthousiastes et 22 représentants du peuple indien au Japon étaient invités. Le nombre des Japonais participants était supérieur à 800. Mais le second avion transportant Pritam Singh et ses amis n'était pas arrivé. Dans la soirée du 19 mars, l'avion s'écrasa au sol à la suite d'un orage. On les retrouva le 1er avril 1941.

Toyama, Hirota, ex-premier ministre, et le général Hayasi organisèrent des funérailles nationales le 5 avril à Tokyo, pour ces victimes de la guerre d'Indépendance de l'Inde. Tojo, Ando, Gaya, Ino, et tous les ministres y assistèrent ainsi que 1 500 amis.

28-30 mars 1941. La première réunion officielle des 18 représentants de tous les Indiens hors de l'Inde se tint à l'hôtel *Sanuo* à Tokyo. Cette réunion fut secrète. Aucun Japonais n'y assista, excepté Huziwara et Iwakuro qui furent présents le premier jour, lors de la session d'ouverture, en qualité d'observateurs.

Bose fut élu président de l'assemblée. Pendant des jours et des nuits, il y eut des discussions nombreuses et animées.

Finalement tous les représentants tombèrent d'accord pour reconnaître en l'I.I.L. l'organisation pour l'Indépendance de l'Inde de tous les Indiens de l'étranger et en Rash Behari Bose le chef de cette organisation. Il fut décidé que la constitution et le plan d'action de l'I.I.L. serait discuté à Bangkok au mois de Mai suivant. Il y eut de sérieuses difficultés et même un certain antagonisme entre le groupe de Bose à Tokyo d'une part et l'I.I.L. et l'I.N.A. d'autre part.

Mais en fin de compte tous tombèrent d'accord pour s'unir en faveur de l'Indépendance de leur mère de l'Inde.

Rash Behari Bose se rend à Bangkok

Dans la soirée, Bose fut invité par son beau-père à une petite soirée d'adieu donnée dans la maison Soma où son fils Masahide et sa fille Tetuko avaient été élevés. Masahide était frais émoulu de l'Université de Waseda. Tous se rendirent compte que cette soirée pouvait être la dernière pour Bose. Mais Bose était très satisfait. Il était sur le point de réaliser son rêve : l'Indépendance du peuple indien.

— Si vous avez quelque chose à dire..., demanda sa belle-mère, Madame Kokkoh.

— Mère, j'ai voué toute ma vie à la cause de l'indépendance du peuple indien. Je suis fermement résolu. Il est inutile d'essayer de me dissuader. Masahide et Tetuko ont été élevés par vous, mon père et ma mère. Je n'ai aucune inquiétude à leur sujet. Peut-être seulement le mariage de Tetuko... Je ne lui souhaite pas une vie matériellement heureuse. Je désire pour elle une vie spirituellement heureuse. Masahide est un homme. Il peut mener sa vie à bien tout seul...., répondit Bose.

Un instant après, il se leva et dit :

— Il est inutile de venir me voir partir. Masahide et Tetuko, restez à la maison. Adieu.

Seul Masahide s'échappa de chez lui et vint assister au départ de son père à la gare de Tokyo.

LE MESSAGE DE SUBHAS CHANDRA BOSE

Le 29 avril, Bose et Sahai, accompagnés de quelques amis, atteignirent Bangkok.

15 mai 1941 – Une conférence historique débuta à 9 h 00 du matin devant plus de 200 participants indiens. Des ambassadeurs du Japon, d'Allemagne, d'Italie et de nombreux officiers thaïlandais étaient invités. On entonna le chant de l'Indépendance indienne, des prières nombreuses et sincères furent récitées à la mémoire des victimes de la guerre d'Indépendance. Le Vice-Ministre des Affaires Etrangères lut le message du Premier Ministre de Thaïlande. Après le discours de M. Das, Président des Indiens de Thaïlande, M. Rash Behari Bose monta sur l'estrade. Sa voix puissante était celle de la sincérité.

« La guerre contre l'impérialisme britannique à été menée par le peuple indien depuis 1939. En 1939, dès que commença la seconde guerre mondiale, le gouvernement britannique tenta de nous duper afin d'obtenir notre collaboration. Mais nos dirigeants indiens ont refusé les propositions trompeuses des Britanniques et ont décidé de ne pas céder à leur pression. Nous devons exprimer notre plus profonde gratitude à Gandhi qui a évité à l'Inde d'être entraînée dans la guerre.

Puis la guerre débuta en Orient. Quand le Japon déclara la guerre aux pays anglo-saxons, y eut-il parmi les vrais patriotes indiens une seule personne qui ne sauta pas de joie à l'annonce de cette nouvelle ?

Nous n'avons pas le temps de discuter. Frères, marchons la main dans la main. Faisons fructifier le combat désespéré que Gandhi mène depuis plus de 20 ans !

Nous avons eu assez de longs discours durant plus de 50 ans. Nous n'avons pas les moyens de perdre notre temps en discussions et querelles stériles.

Je fais solennellement appel à vous tous, mes amis. Quand vous clôturerez la session, ayez un plan d'action pratique et réalisable pour libérer l'Inde afin que nous puissions nous mettre à l'ouvrage et aller de l'avant immédiatement après la conférence ».

Rash Behari s'écria : « C'est à vous tous de décider. Mais pour l'amour du ciel, mettons sur pied un plan positif, concret et réellement efficace ».

Sahai, représentant de tous les Indiens au Japon, Ragavan, représentant de la Malaisie, Mohan Singh, I.N.A., et Gil parlèrent avec fermeté. On donna lecture des messages provenant des ambassadeurs de plusieurs pays et de l'état-major japonais. Puis suivit le message de Shedai, secrétaire général des Amis de l'Inde à Rome.

Finalement vint le message de Subhas Chandra Bose.

« Je suis très heureux d'apprendre que notre éminent révolutionnaire M. Rash Behari Bose et ses amis vont tenir la première grande assemblée générale. Aussi j'envoie ce message afin d'exprimer toutes mes félicitations ainsi que celles de la branche européenne de l'I.I.L.

Si j'en crois mon expérience de ces quelques derniers mois à l'étranger, le Japon, l'Allemagne et l'Italie sont des pays amis. Mais nous devons établir l'Indépendance de l'Inde par nos propres moyens. Nous qui sommes aux premières lignes de la lutte pour l'Indépendance de l'Inde, devons combattre main dans la main jusqu'à la dernière limite. A ce moment suprême, personne ne pourra plus se dresser contre nous.

Je crois fermement que l'Inde retrouvera la liberté dans et par cette guerre. Recouvrer la liberté signifie chasser l'impérialisme anglo-américain hors de l'Inde. C'est aussi l'objectif de l'armée japonaise. Je prie pour le succès de cette assemblée générale et je suis persuadé que c'est le chemin vers la victoire ».

15 mai 1941 – La première grande assemblée générale pour l'Indépendance de l'Inde se tint au Théâtre Royal de Bangkok. L'assemblée comprenait quelque 150 représentants des 2 millions d'Indiens hors de l'Inde. Tous les visages étaient rayonnants de joie après ces longues années de détresse.

La session d'ouverture de l'assemblée générale eut lieu le matin. Dans l'après-midi fut adoptée la résolution de l'assemblée du 26 décembre 1940 à Tokyo.

« La seule façon de sauver l'Inde de la guerre est de déclarer l'Indépendance totale et de couper toutes relations avec l'empire britannique.

Il est résolu que le Conseil d'Action fera tous ses efforts pour créer en Inde un climat propice à la révolution dans l'armée indienne de là-bas et parmi le peuple indien, et qu'avant d'entreprendre une action militaire, le Conseil d'Action s'assurera par lui-même qu'un tel climat existe bien en Inde.

1) que l'Unité, la Foi et le Sacrifice seront la devise du mouvement pour l'Indépendance indienne,

2) que l'Inde sera une et indivisible,

3) que toutes les activités de ce mouvement auront des fondements nationaux et non des bases sectaires, communales ou religieuses,

4) que la trame de la constitution future sera tressée par les seuls représentants du peuple indien,

   a) Il est résolu que tous les officiers et les hommes de l'armée nationale indienne proposée seront membres de la Ligue pour l'Indépendance de l'Inde et feront allégeance à cette Ligue.

   b) Il est résolu que l'Armée nationale indienne sera placée sous le contrôle direct du Conseil d'Action et que la dite Armée sera organisée et dirigée par le Commandement Général en accord avec les décisions du Conseil d'Action ».

Le Comité central était composé de 47 représentants, le sous-comité de 15 représentants. Pendant 9 jours, du 15 au 23 décembre, ils menèrent leurs discussions en secret. Plus de 10 sessions à huis clos se tinrent sur les problèmes concrets et pratiques de l'Indépendance de l'Inde. Des discussions animées se déroulaient depuis le petit matin jusque très tard dans la nuit.

Le 8ᵉ jour, l'assemblée générale fut ouverte à 9 heures 30, à l'Hôtel Oriental. Les élections des membres du comité exécutif du mouvement pour l'Indépendance s'étaient achevées. Furent élus à l'unanimité Rash Behari Bose, Mohan Singh, Gilanee, Ragavan, Menou, et Bose fut nommé Président.

Le 9ᵉ jour, la réunion eut lieu au Théâtre Royal Gilvarcora. Toute l'assistance entonna l'hymne national. On fit un rapport des résolutions prises.

Rash Behari Bose prit place à la table et fut salué par un concert d'acclamations. Il dit :

« Notre mouvement pour l'indépendance n'a pas seulement pour but d'émanciper les peuples indiens des chaînes britanniques, mais aussi d'écraser les crocs des Anglo-Saxons qui ont exploité trop de peuples pour leur propre compte depuis des centaines d'années.

« Pour que cela se réalise, notre comité a examiné tous les problèmes concernés et a adopté plus de 30 résolutions. Nous avons maintenant les moyens de les exécuter. Les mettre sur le papier n'est pas suffisant. Nous ne voulons pas de paroles, mais de l'action. Dans les circonstances présentes, nous avons devant nous la plus belle occasion de réaliser ce que nous avons projeté. Nous n'avons pas besoin de paroles qui nous plongent dans la perplexité. Notre moteur est l'Unité, la Confiance et le Sacrifice. Avec ces trois mots, nous sommes 350 millions de frères qui marcheront ensemble ». Ce « Bande Matarane » émut l'assistance toute entière.

Cette assemblée générale définit l'objectif de l'I.I.L.. Le Conseil des représentants était composé de 40 représentants des Indiens de tous les pays orientaux et de 40 représentants de l'I.N.A.

Le quartier général de l'I.I.L. fut établi à Bangkok, le haut commandement de l'I.N.A. à Singapour.

Voici quelques informations sur les révolutionnaires :

— A.M. SAHAI (Bihar) fut chassé par le gouvernement britannique. Il s'enfuit des Indes vers les Etats-Unis. En chemin il s'arrêta à Kobé et s'y installa. Il continua son propre mouvement pour l'Indépendance.

— A.M. NAIR (Moroa) 26 ans. Après avoir été diplômé de l'Université de Kyoto, il partit pour la capitale du Mandchoukuo et y devint le chef du Mouvement pour l'Indépendance.

— RAGAVAN (Madras) 43 ans. Diplômé de l'Université de Madras. Pendant 15 ans il fut avocat à Penang, combattant le peuple britannique pour le compte des fermiers indiens. C'était un important dirigeant sur le plan théorique.

— SWAMI. Professeur à l'Université de Bangkok. C'était un dirigeant également du point de vue de la théorie.

— PRITAM SINGH, Chef du Mouvement pour l'Indépendance à Bangkok.

— DAS, Assistant de Sahai à Kobé, il assistait Swami depuis 2 ans dans lutte des 30 000 Indiens de Thaïlande contre le joug britannique. C'était un dirigeant très important.

— SILAPPAN (Travancore). Reporter du « Bangkok Chronicle » pendant 11 ans. Il avait d'abord vécu à Singapour et en Malaisie.

— OSMAN. Homme d'affaires exilé à Changhaï.

— RATIA (Bombay) 64 ans. Editeur d'un journal à Rangoon. Il était révolutionnaire depuis 20 ans et était allé deux fois en prison.

— KAHN (Punjab) 36 ans. Il était resté plus de 10 ans à Hong-kong. Il y était le chef de 9 000 Indiens.

— MOHAN SINGH (Punjab). Disciple de Baba Kharak Singh. Il attendait sa chance dans l'armée britannique, mais devint le 1er commandant suprême de l'I.N.A.

— HUQUE (Delhi). Diplômé de l'Université mahométane d'Aligar et représentant des 1 200 Indiens de l'Indonésie de l'Est.

— ZAIN (Punjab) 33 ans. Diplômé de l'Université de Kalsa Litzar. Il était depuis 1935 le directeur d'un magazine indien à Manille.

DES ÉMEUTES ET DES CONFLITS ÉCLATENT PARTOUT

L'armée japonaise attaqua et occupa en deux mois Lashio, Rangoon et Mandalay.

La pression britannique sur le peuple indien se fit de plus en plus brutale et cruelle. Gandhi lança un appel ferme à la population de Bombay.

8 août 1942 – Gandhi créa le mouvement « Quittez l'Inde ». Bientôt lui, Nehru, Azad, Patel et beaucoup d'autres furent jetés en prison.

A Bangkok, Rangoon et en fait partout, eurent lieu des réunions indiennes et les participants y applaudirent l'action de leurs frères en Inde.

Des troubles éclatèrent tour à tour à Bombay, Calcutta et Madras. Gandhi commença sa course à la mort.

Un grand désordre commença à régner dans l'armée nationale indienne. Le capitaine Mohan Singh et le lieutenant-colonel Gil en étaient les chefs. Ils n'étaient pas satisfaits de l'état-major de Tokyo, car toutes les résolutions de la conférence de Bangkok n'avaient pas été appliquées. L'I.I.L. non plus n'était pas satisfaite. Tous se révoltaient.

Bose était inquiet de la situation. Il n'était pas d'accord avec Mohan Singh. Après maintes hésitations, Bose se décida à créer une nouvelle organisation dans l'I.N.A. et l'I.I.L.

Rash Behari Bose décida d'assumer tous les pouvoirs. Pour éviter de futures complications et des oppositions à la marche en avant du mouvement, il prit en mains tous les pouvoirs du Conseil d'Action et fit l'importante déclaration que voici :

« Aux frères indiens de l'Asie de l'Est,

Mes collègues du Conseil d'Action ont démissionné. Dans ces conditions, la Constitution a été rompue et au nom des Indiens de l'Asie de l'Est, moi, Président, ai décidé de poursuivre l'action en attendant l'élection des autres, qui pourra être effectuée selon la Constitution uniquement par les membres du comité des représentants des divers territoires de l'Asie de l'Est. En exerçant tous les pouvoirs et devoirs du Conseil d'Action qui, conséquemment à la démission de mes collègues, me sont impartis, je suis convaincu que je ne fais qu'interpréter pratiquement la Constitution de notre mouvement, respectant ainsi le mandat qui m'a été confié à la conférence de Bangkok au mois de juin de cette année. Depuis le 9 décembre, j'ai pris la direction du Mouvement, et je m'engage une fois de plus à servir la cause de l'Indépendance de l'Inde sans peur et sans favoritisme, loyalement, consciencieusement et au meilleur de mes possibilités. Je ferai de mon mieux pour me faire l'interprète de l'esprit de notre peuple et donner suite à ses souhaits et ses exigences. Si cela est heureusement possible, je ne permettrai à rien ni personne, aussi puissant soit-il, de nous barrer le chemin vers notre but –

c'est-à-dire l'Indépendance absolue de l'Inde qui sera dès lors libre de tout contrôle étranger, de toute domination, interférence ou même influence de quelque nature que ce soit. En prenant la tête du mouvement, je sais, et je crois profondément, que mon action − sauver le mouvement pour l'Indépendance de l'Inde du désordre − rencontrera l'approbation de tous mes compatriotes, où qu'ils puissent être.

Comme pour la plupart de mes compatriotes, la cause de l'Indépendance de l'Inde a toujours été chère à mon cœur. Pour elle, j'ai travaillé dur, risqué la mort et enduré l'exil. Depuis plusieurs dizaines d'années, je m'efforce de mon mieux de paver le chemin qui conduit à la libération de notre patrie. Ce n'est pas seulement la libération du joug anglais que j'ai désiré, mais la libération de tout joug quel qu'il soit. Il fut un temps où le peuple nippon, parmi lequel je vivais, regardait la cause de l'Indépendance de l'Inde avec indifférence. Mais j'ai lutté de toutes mes forces, et aujourd'hui, je puis affirmer que nous sommes parvenus à gagner leur sympathie et leur soutien − avantage international d'importance pour toute nation dans le présent et dans le futur. Nous avons également gagné la sympathie d'autres nations. Mon cœur eut été brisé si à cet instant j'avais laissé s'éteindre le mouvement, cela parce que certains de mes collaborateurs se sont mis dans la tête qu'ils ne pouvaient continuer que s'ils avaient les mains libres en tout point.

Au contraire, je suis persuadé que s'il apparaît quelques difficultés au sein du mouvement, elles peuvent et doivent être surmontées. S'il existe des doutes et des incertitudes, ils peuvent et doivent être éclaircis. S'il se présentait quelque menace de destruction sur notre chemin, ma ferme conviction est qu'elle devrait être écartée et que la voie devrait être libérée afin que nous atteignions notre but :

− Cette indépendance tant attendue et tant désirée −

La coopération avec une autre nation, aussi utile qu'elle soit, n'est pas la pierre sur laquelle peut être fondé l'édifice de l'Indépendance indienne. Nous pouvons le cas échéant combattre avec une telle aide, mais nous devons aussi pouvoir nous en passer, si cela s'avère nécessaire.

Le mouvement pour l'Indépendance de l'Inde, comme on le sait, est antérieur à la guerre. Mais la déclaration de guerre et l'attitude japonaise envers l'Indépendance de l'Inde, soulignée par le discours de Son Excellence le Premier Ministre le Général Tojo, rendirent possible la diffusion de ce mouvement dans plusieurs pays de l'Asie de l'Est ouvertement et sans entrave. Le mouvement avait débuté avant même la conférence de Bangkok. Cela fait maintenant un an que nous le poursuivons. A Bangkok, les délégués assemblés nous donnèrent un mandat bien défini à honorer et l'un des résultats de ce mandat fut une meilleure organisation, tant civile que militaire. Nous progressions peu à peu. Tout-à-fait récemment, mes collaborateurs ressentirent le besoin de recevoir des éclaircissements plus grands sur notre position pour faire progresser le mouvement. J'étais en complet accord avec leur point de vue.

Là où quelques-unes des opinions différaient, c'était dans l'affirmation que, telles que les positions avaient été précisées, le mouvement ne pouvait et ne devait pas se poursuivre. Cela conduisait à une impasse. Je constatai que du temps était nécessaire pour achever d'éclaircir la situation, entreprise commencée aussitôt après que la décision en fut prise, la 3e semaine du mois dernier. J'ai donc avisé le Conseil qu'il nous faudrait du temps, qu'après avoir dirigé le mouvement tous ces derniers mois, il n'y aurait ni grand mal, ni grand danger à continuer encore quelques semaines dans la voie où nous nous étions engagés et que si, à la fin des négociations, nous n'étions pas parvenus à des accords satisfaisants, il nous serait loisible de reconsidérer notre politique si cela s'avérait nécessaire. Cela demandait un peu de patience et une bonne dose de persévérance.

Je me sentis heureux lorsque, après maintes discussions, le 4 décembre, il fut entendu que de plus amples négociations et décisions seraient reportées à la fin du mois suivant. Cependant et sans aucune raison apparente, le 5 décembre, je fus informé que quelques-uns de mes collaborateurs avaient de nouveau changé d'avis et qu'ils ne s'en tenaient plus à la décision prise la veille.

Ce fut alors que je pris conscience qu'il y avait plus de remous au fond qu'il n'en apparaissait à la surface. Immédiatement après cette prise de conscience, j'entrepris de lutter contre ces remous, contre la menace d'une impasse, contre la destruction de notre mouvement et de notre œuvre. Je suppliai mes collaborateurs de ne pas s'engager dans une impasse et de ne pas précipiter une crise qui conduirait au désastre, à la mésentente et au malheur, qui enfin pourrait causer le plus grand dommage à notre cause. Je les assurai que j'étais aussi jaloux de nos droits qu'ils pouvaient l'être. Mon séjour en pays étranger ne m'avait pas rendu moins patriote que les autres fils de l'Inde, mais n'avait qu'augmenté mon attachement et mon affection envers ma patrie.

Mes collaborateurs démissionnèrent le 8 décembre. J'accorde la plus profonde considération à leur lettre de démission. Je suis d'avis qu'ils n'auraient pas dû démissionner sans consulter les différents représentants de l'Asie de l'Est. Je suis également d'avis qu'il n'était pas du tout nécessaire qu'ils démissionnent, comme quelques-uns semblent l'avoir fait, à cause de la solution qu'il fallait apporter aux problèmes qu'ils avaient soulevés. Mais ils sont leurs propres juges et j'ai accepté leur démission, bien qu'avec regret. Pourtant, j'ai confiance en ce que le mouvement ne sera poursuivi que pour le bénéfice de l'Inde et que toute question extérieure sera résolue à notre satisfaction.

J'ai pris sur moi de continuer le mouvement avec l'aide et la coopération des Indiens de l'Asie de l'Est. D'un côté, je dois poursuivre mon œuvre, de l'autre, je ne dois épargner aucune peine pour négocier et assurer au mouvement toute facilité et tout soutien que mes collaborateurs et moi-même recherchons depuis si longtemps. Dès que possible, il me faudra informer mes compatriotes des progrès accomplis.

Entre-temps, notre œuvre se poursuivra et nul civil ne doit avoir la moindre crainte, ils seront aussi peu touchés que possible. Le mouvement doit se poursuivre comme par le passé. Je ferai de mon mieux pour y insuffler un enthousiasme et une énergie dans l'action encore plus grands. Je puis assurer chaque branche de la Ligue et également l'Armée nationale que – et j'en prends l'engagement – les droits, les devoirs et les responsabilités du Conseil d'Action ne nécessitent pas le plus petit changement dans leur constitution, dans l'organisation et le développement des institutions civiles et militaires que nous nous sommes chargés de créer et de développer durant ces derniers mois. Je leur garantis que n'aurai pas la moindre part à toute action susceptible de nuire à leurs intérêts et aux intérêts de notre patrie. Ces intérêts ont toujours été mon seul objectif dans la tâche que je me suis assignée.

Je sais que j'ai la confiance de tous mes frères et sœurs dans l'accomplissement de cette tâche ardue. Si mes adversaires me traitent de pantin, qu'on les laisse dire. Mais qu'il me soit permis de leur affirmer qu'ils pèchent contre un homme dont le seul but dans la vie est de voir son pays libre et indépendant, qui est aussi fier de sa naissance que tout Indien vivant, qui a tout donné, et qui versera encore la dernière goutte de son sang pour défendre l'honneur et l'intégrité de l'Inde.

Je ne recherche rien dans la vie que le succès de notre mission. Une fois cela accompli, je me retirerai en quelque monastère ou lieu isolé de notre beau pays. La totale et complète indépendance de l'Inde est notre objectif et nous ne permettrons à aucune divergence personnelle de race ou de croyance d'en barrer le chemin.

J'en appelle à mes compatriotes pour qu'ils continuent de m'offrir massivement, à moi et à ce mouvement, leurs généreux concours et coopération sans lesquels rien ne peut être accompli, mais avec lesquels, j'en suis absolument sûr, nous pourrons poursuivre notre combat jusqu'à la réussite finale – l'Indépendance de l'Inde ».

Vive l'Inde !

« BANDE MATARAM »

Bose renvoya Mohan Singh et Gil. Le premier fut placé sous surveillance, le second emprisonné. Le lieutenant-colonel Bhonsley fut nommé Major Général et Commandant suprême. Menon et Guho furent renvoyés. Cela se passait en 1941. Masahide, le fils de Bose, fut recruté dans l'armée japonaise. Il entra dans la 9ᵉ division de chars Narasino. Il ne savait pas dans quelle situation se débattait son père à Singapour. Mais son seul espoir était d'aller vers le Sud afin de l'y rencontrer ou plutôt afin de traverser la frontière indienne avec l'I.N.A. à la tête de sa division blindée pour l'indépendance du pays de son père. C'était un jeune homme au cœur chaleureux. Il fut tué dans un combat désespéré à Okinawa alors qu'il était chef de section. Le sous-lieutenant Bose était aimé de tous ses soldats. Maints épisodes que l'on ne peut lire sans larmes sont racontés par son fidèle ordonnance dans le livre écrit par sa grand'mère Mme Kokkoh : « La Pierre de Mabuni ». Je vous en citerai quelques-uns plus tard.

IMPORTANTES DIRECTIVES DE RASH BEHARI BOSE

Le quartier général de l'I.I.L. fut transféré de Bangkok à Singapour. Rash Behari Bose devait travailler dur afin de tout mettre en ordre et ce ne fut qu'en mars 1943 que la plus grande perfection régna au sein de l'I.I.L. et de l'I.N.A. pour le progrès du mouvement. Ainsi, ayant tout mis en ordre, cela bien entendu au prix de sa santé et des durs efforts physiques et mentaux des derniers mois, Rash Behari Bose donna la première semaine d'avril 1943 ses plus importantes directives dont quelques-unes sont citées ci-dessous :

« A la suite d'une série de crises et de démissions, le public a commencé à nourrir quelques doutes concernant le progrès du mouvement pour l'Indépendance de l'Inde.

Il ne suffit pas d'aspirer à la liberté pour la conquérir. Le succès de chaque branche de la Ligue pour l'Indépendance de l'Inde sera jugé en fonction du nombre de jeunes gens qu'elle peut éduquer et entraîner en tant que potentiel combattant pour l'Indépendance.

C'est avec un sentiment de joie mêlée de regret que nous nous réunissons aujourd'hui afin de discuter des moyens et des voies à choisir pour la libération de notre pays. C'est la troisième fois en la courte période d'un an que nous nous rencontrons toujours dans le même but.

Je ne voudrais pas abuser de votre temps en vous lisant l'histoire du mouvement pour l'Indépendance, mais j'aimerais mentionner quelques faits qui devraient rester dans la mémoire de tout Indien. La fondation de l'Indépendance de l'Inde eut lieu en 1857 lorsque la politique extrêmement maladroite des Britanniques conduisit à une crise catastrophique de la vie économique et sociale de l'Inde. Quant au mécontentement du peuple envers la domination britannique, il atteignit son point culminant lorsque presque tout le pays se dressa pour chasser les Anglais du pays. Ce combat pour l'Indépendance de l'Inde fut considéré par les Britanniques comme une mutinerie indienne. Mais était-ce une mutinerie? Je dis : non. C'était une guerre sainte menée contre le traitement inhumain infligé aux Indiens par les Anglais.

Elle échoua, car il n'existait aucun chef capable de conduire le mouvement au succès. Six mille de nos compatriotes furent pendus uniquement parce qu'ils réclamaient leur pleine nationalité. Mais depuis cette époque, les graines de Swaras ont été nourries du sang de milliers de nos chefs bien-aimés et respectés. Il y a quelques jours seulement, eurent lieu de grandes réunions de masse dans tout le territoire de l'Asie de l'Est en mémoire des martyrs de Jalianwallah Bagh.

Accordons le respect dû à la mémoire de ces innombrables hommes connus ou inconnus morts pour leur patrie.

Le temps est proche où dans chaque cité de l'Inde, nous trouverons un monument érigé à leur mémoire, afin que la postérité leur rende hommage et puisse se glorifier de leur sacrifice.

Vous savez tous que de grands changements sont survenus à la fois en Inde et à l'extérieur de l'Inde depuis la conférence de Bangkok l'an dernier et ainsi, il est essentiel que nous précipitions nos activités afin de progresser avec les événements mondiaux. Vous savez tous que la résolution « Quitter l'Inde » fut adoptée par le Comité du Congrès en présence du Mahatma Gandhi le 8 août de l'an dernier et qu'immédiatement après la réunion du Congrès, le Mahatma Gandhi, le Président du Congrès Maulana Abul Kalam Azad, et tous les autres dirigeants furent jetés en prison.

Notre peuple souffre sous la loi tyrannique des Anglais en Inde et il est du devoir de tout Indien de l'Est d'être prêt à tout sacrifier à l'appel de son pays.

La guerre de la Grande Asie de l'Est est un don de Dieu pour nous Indiens et chaque jour qui vient nous paraît plus lumineux. Pratiquement, tout l'Extrême-Orient s'est débarrassé des races anglo-saxonnes et de leurs alliés et il ne se passera plus beaucoup de temps avant que l'Inde, elle aussi, se range parmi les nations libres du monde. Cela fait des dizaines d'années que je travaille au Japon et je sais que ce pays est prêt à se ranger aux côtés des Asiatiques opprimés et à libérer l'Asie.

J'attendais avec impatience le jour où le Japon prendrait pleinement conscience de l'importance de créer une Asie libre et unifiée et serait convaincu qu'il y va de son intérêt même, ainsi que de celui du reste de l'Asie, sinon de celui du monde entier, que la mainmise tentaculaire de l'Impérialisme anglo-saxon soit détruite racines et branches. J'étais pleinement convaincu que le Japon seul pouvait briguer cet honneur. Je savais fort bien qu'il n'avait pas l'habitude de s'avancer avant d'avoir pleinement éprouvé sa force et d'être convaincu du succès de l'entreprise.

Un événement important depuis la conférence de Bangkok est la déclaration faite par Son Excellence le général Hideki Tojo, Premier Ministre du Japon, promettant au peuple birman son indépendance dans l'année. On ne peut trop souligner la bonne foi du Japon envers tous les peuples asiatiques et le cas de la Birmanie est un vivant exemple de cette bonne foi.

Je prends la liberté de féliciter mes frères de Birmanie en cette favorable occasion.

J'incline la tête devant la bravoure de nos soldats; nous ne devons pas douter qu'avec leur généreux concours, nous allons gagner notre combat final.

Marchons épaule contre épaule et la main dans la main vers le succès.

Une autre importante activité de la Ligue fut la création du centre d'entraînement pour la jeunesse de Bharat à Kuala Lumpur où des milliers de civils sont entraînés militairement par les membres de l'armée nationale indienne.

C'est le courage et le sacrifice des jeunes soldats de la liberté de l'Inde qui a réduit le pouvoir britannique aux Indes à sa plus simple expression. Et c'est l'effort uni de la jeunesse indienne qui apportera la victoire et la gloire à notre Mère l'Inde. Il était impératif de créer une section jeunesse dans la Ligue pour l'Indépendance de l'Inde à travers toute l'Asie de l'Est. Cette importante section est le noyau du mouvement et c'est le réservoir qui alimente les forces de l'Armée nationale indienne.

Ils seront les guerriers de la liberté de l'Inde et, dans cette grande bataille, il n'existe aucune différence entre civils et militaires. Nous sommes tous Indiens, nous sommes tous des combattants de la liberté et ensemble nous marcherons pour libérer notre patrie sacrée.

Enfin, je remercie le gouvernement japonais au nom des Indiens de l'Asie de l'Est pour les facilités et la coopération accordées à mes compatriotes en chaque partie des territoires occupés. Sans le généreux soutien au Japon apporté à la cause de l'Indépendance de l'Inde, rien de ce qui a été réalisé n'aurait pu être fait ».

Il répéta encore les grandes lignes du texte des résolutions adoptées aux conférences de Tokyo et Bangkok ; il redit que les principes fondamentaux du mouvement seraient fondés sur des bases nationales et non pas communales ou religieuses ; Unité, Foi et Sacrifice devront être les mots d'ordre. La constitution future de l'Inde doit être mise sur pied par les Indiens uniquement en Inde et l'Inde doit être considérée comme une et indivisible.

L'ARRIVÉE DE NETAJI

Netaji partit de Kiel sur un sous-marin vers le Groenland, puis se dirigea vers l'extrémité sud de l'Afrique. Après trois jours de tâtonnement, les sous-marins allemand et japonais parvinrent à se rencontrer. Il fut alors transféré sur un navire japonais par une mer houleuse et arriva à Sumatra d'où il partit pour Tokyo.

Le grand quartier général de Tokyo désirait le voir au commandement suprême à la place de Rash Behari Bose qui n'était plus très connu des Indiens à la suite de ses trente années d'exil. Au contraire, Subhas Chandra était populaire en Inde.

Le colonel Iwakuro à Singapour était impatient de parler de ce remplacement à Rash Behari Bose. Mais il n'osait demander à celui-ci, qui avait tout fait pour le développement de l'I.I.L. et de l'I.N.A., d'abandonner son poste à Subhas Chandra, de peur de le blesser.

Un jour pourtant, Iwakuro lui parla du désir du grand quartier général de Tokyo après bien des hésitations.

« Oh! il est très bien que M. Subhas Chandra vienne. Nous ne pouvons rien espérer de mieux. Je lui céderai mon poste avec le plus grand plaisir. Notre but suprême est l'indépendance de l'Inde. Ma tâche est maintenant achevée. Je vais me retirer et M. Subhas Chandra Bose, jeune homme audacieux, va reprendre le flambeau, « telles furent les paroles de Rash Behari Bose.

Juin 1941 – M. Rash Behari Bose repartit pour Tokyo. Il pesait plus de 82 kg avant son départ, il n'en pesait maintenant guère plus de 45!

Subhas Chandra arriva de Sumatra et les deux grands hommes se rencontrèrent pour la première fois de leur vie. Subhas Chandra Bóse avait un plan pour organiser le gouvernement provisoire de l'Inde libre.

Mais l'opinion de Rash Behari Bose était qu'il ne fallait pas créer de gouvernement à l'extérieur de l'Inde. Il tomba d'accord sur la décision de dissoudre le gouvernement provisoire quand l'indépendance serait établie et de transmettre le flambeau à un nouveau gouvernement constitué en Inde par la volonté du peuple indien.

NOUS NOUS SOMMES LEVÉS LES ARMES À LA MAIN

2 juillet 1943 – Subhas Chandra Bose arriva dans la matinée à Singapour. Les deux Bose parurent au théâtre et furent accueillis par un tonnerre d'applaudissements. Sept jolies jeunes Indiennes offrirent des fleurs aux deux grands hommes.

On chanta l'hymne national indien. La chanteuse, Mlle Saraswati, entonna un nouveau chant : « Louanges à Subhas Chandra Bose ».

Rash Behari Bose déclara :

« Frères, l'I.I.L. est maintenant parvenue à un jour inoubliable ». Il annonça sa démission et présenta M. Subhas Chandra Bose ; toute l'assistance acclama ce dernier, qui fit le discours suivant :

« M. Rash Behari Bose, représentant du mouvement pour l'indépendance de l'Inde dans l'Est, je suis profondément reconnaissant que vous m'ayez nommé chef de ce mouvement.

« J'accepte cette responsabilité. Le temps est venu où tous les Indiens épris de liberté doivent se lever. J'en appelle à tous les frères d'Extrême-Orient afin de réaliser l'unité des dirigeants et pallier toutes les difficultés qui nous barrent la route.

« Il est très clair que le gouvernement britannique poursuivra son exploitation durant la guerre aussi bien qu'après la guerre.

« ... Depuis que le premier coup de feu pour l'indépendance de l'Inde fut tiré, 85 ans se sont écoulés, et le grand et saint Gandhi a été arrêté et jeté en prison par le gouvernement anglais.

« C'était en août 1942. Voilà une date que nous ne pouvons oublier.

« Mais maintenant l'heure a sonné. Notre lutte pour l'indépendance par la non-violence et la désobéissance civile va changer de tactique.

« Nous nous sommes levés les armes à la main contre l'impérialisme britannique. C'est le but de notre nouvelle organisation. Pour rendre notre force totalement efficace, je vais établir le gouvernement provisoire de l'Inde libre. Lorsque notre révolution aura atteint le succès et que l'impérialisme des puissances anglaise et américaine sera chassé, alors la mission du gouvernement provisoire sera achevée. Il remettra ses pouvoirs au gouvernement permanent établi en accord avec la volonté du peuple.

« L'ennemi est fort et cruel et n'a aucun scrupule sur les méthodes employées. Nous devons donc être déterminés et faire face à toutes les difficultés. Dans cette ultime marche pour la liberté, il se peut que vous ayez à souffrir du manque de nourriture et de confort. Mais je ne doute pas que vous puissiez endurer toutes les difficultés pour redonner la liberté et le bonheur à notre patrie tombée dans l'esclavage et la pauvreté ».

« CHALO DELHI! CHALO DELHI! »
MARCHONS À DELHI!

C'est au moment du remplacement de Rash Behari Bose par Subhas Chandra Bose que l'I.N.A. entreprit de combattre par la force.

Le 4 juillet, Subhas Chandra Bose, Commandant suprême de l'I.N.A. accompagné de Rash Behari Bose, Conseiller suprême, passa en revue l'I.N.A. devant le « Singapour City Hall ». Il fit le discours suivant :

« Lorsque l'armée japonaise se mit en marche en décembre 1941, tous les officiers et les soldats s'écrièrent : « A Singapour! A Singapour! » Mes frères d'armes, crions pendant notre marche : « Chalo Delhi! Chalo Delhi! »

« Durant toute ma vie de combat contre le gouvernement britannique, ce que j'ai le plus regretté est l'absence d'une armée indienne pour l'indépendance de l'Inde.

« Washington a pu combattre et gagner la liberté parce qu'il avait sa propre armée. Garibaldi a pu émanciper l'Italie parce qu'il avait levé des volontaires. C'est votre intérêt en même temps que votre gloire d'avoir organisé l'I.N.A.. Vous avez balayé tous les obstacles sur le chemin de l'émancipation. Cela est tout à votre honneur, vous les pionniers de cette tâche sacrée! ».

Le commandant suprême de l'I.N.A., Subhas Chandra Bose, recommanda le plus sévère entraînement pour les soldats. Il voyageait partout en Malaisie et Birmanie et prononçait d'ardents discours. Ses paroles émouvaient profondément l'assistance toute entière. Après ses discours, il y avait toujours d'importants dons d'argent. Les dames offraient leurs colliers, leurs bagues et leurs parures de diamants.

Rash Behari Bose était serein et aimé de tous. Mais tous les soldats et les officiers devinrent de fervent guerriers aussitôt qu'ils entendirent pour la première fois le discours de Subhas Chandra Bose, car ses paroles galvanisaient les esprits.

APPENDICE I

RASH BEHARI BOSE ET MADAME KOKKOH

Comment Bose
échappa à la vigilance des détectives

(Tiré de « Un monde
en évolution » par
Mme Kokkoh Soma)

C'était le 28 novembre 1915. J'avais entendu dire qu'un pauvre jeune Indien révolutionnaire devait être expulsé par la police. On lui avait intimé l'ordre de quitter le Japon dans les cinq jours. Un jeune révolutionnaire en exil expulsé et remis entre les mains du Gouvernement britannique, cela signifiait la mort.

En ce temps-là, je restais en permanence dans la boutique avec mon mari, à envelopper le pain, tenir la caisse ou à bavarder avec les clients. Mon mari était très déprimé par les nouvelles concernant ce jeune Indien et extrêmement inquiet du sort du pauvre expulsé. Dans la matinée, il s'entretint avec M. Nakamura, l'un de nos clients, alors éditeur du journal *Niroku*, et lui posa des questions sur le sort du jeune homme.

— Il est très regrettable que le jeune Indien doive partir... n'est-ce pas?

— Oui, vraiment très regrettable... La mentalité d'esclave du Ministre des Affaires Etrangères face à l'Ambassade britannique est horrible. Mais il n'y a pas grand'chose à faire, en dépit de la sincère intention de M. Toyama de le sauver...

Mon mari parlait très fébrilement avec M. Nakamura. Mais comme j'étais occupée avec des clients, je n'eus pas immédiatement connaissance de la proposition de mon mari. Celui-ci sortit pour régler quelque affaire.

Quelques heures plus tard, M. Nakamura revint en toute hâte pour voir mon mari et ce fut alors que j'appris ce que ce dernier lui avait proposé. Mais personne ne savait où il était. Nous téléphonâmes à toutes nos connaissances.

Soudain, la sonnerie retentit. Mon mari était au bout du fil. Est-ce toi ? Ah ! nous te cherchons depuis des heures et des heures... Où es-tu ? Il faut que tu reviennes tout de suite. Tu as fait une très sérieuse proposition à M. Nakamura ce matin. Il veut te voir immédiatement ».

— « Je viens ». Il n'avait pas terminé sa phrase qu'il avait déjà raccroché.

Il était alors au restaurant, prenant son déjeuner après avoir terminé son travail quotidien. Mais au cours de ce déjeuner il s'était soudain rappelé sa conversation avec M. Nakamura. Aussi, il interrompit son repas et m'appela.

Le jour suivant, la presse de Tokyo annonça la disparition de Bose et de son ami. Nous n'étions pas de simples lecteurs de journaux. Nous étions impliqués dans cette grande affaire internationale. Nous avions reçu secrètement M. Bose et son ami dans la nuit.

Je ne pouvais comprendre pourquoi et comment la proposition de mon mari, un simple boulanger, avait pu être acceptée par un grand homme comme M. Toyama.

A cette époque, la demeure de M. Toyama avec son spacieux jardin se trouvait au centre de Tokyo à côté de celle du Professeur Terao. Bose et son ami vinrent chez

M. Toyama et après un moment passèrent chez le
Professeur Terao à travers le jardin. Là, ils se déguisè-
rent : Bose mit le kimono (toge japonaise) et le chapeau
de M. Toyama et Gupta enfila le vaste pardessus de
M. Tukuda, le grand leader militant de Miyagawa ; ils re-
traversèrent le jardin de M. Terao, sortirent par une porte
dérobée et montèrent dans une voiture qui les attendait.

Devant la maison de M. Toyama se trouvait une voiture de la préfecture de police, la voiture qui avait amené
Bose et son ami et de nombreux policiers en uniforme et
détectives en civil, qui attendirent les deux expulsés toute
l'après-midi. Mais ni Bose ni son ami ne ressortirent.

Tard dans la nuit, toutes les fenêtres de la maison de
M. Toyama furent fermées et les policiers n'attendirent
pas plus longtemps. Ils s'avancèrent sous le porche et
réclamèrent les deux expulsés. Un domestique leur
répondit qu'ils étaient partis depuis des heures. La
panique gagna les policiers. Ils mobilisèrent toutes leurs
forces et encerclèrent la maison et le jardin de
M. Toyama, mais n'osèrent s'introduire dans le domicile
d'un homme que tous respectaient. Ils ne purent insister
plus longtemps, bien que les deux paires de chaussures
des jeunes expulsés se trouvaient toujours sous le
porche.

M. Toyama, entendant tout ce bruit de sa bibliothèque,
s'écria : « Voilà qui est ennuyeux. Au cas où ils seraient
renvoyés en cette occasion, je dois faire quelque chose
pour eux... ».

Et il paya la voiture qui attendait Bose.

Cette voiture était à cette époque l'une des plus puis-
santes de Tokyo et appartenait au Docteur Sugiyama.
Aucune autre voiture ne pouvait lui être comparée.

Il était 9 heures du soir. Ma boutique allait fermer, il y
avait encore quelques clients comme de coutume. Quatre
hommes, dont M. Bose et son ami, tous deux déguisés, et
deux Japonais pénétrèrent à l'intérieur. Quelques instants

plus tard, les quatre hommes ressortirent et se perdirent dans l'obscurité, mais cette fois, il s'agissait de mes trois employés et de M. Tukuda.

Le Docteur Sugiyama, propriétaire de la voiture, inquiet du sort de Bose et de son ami, interrogea son chauffeur à leur sujet quand celui-ci fut de retour; il répondit :

« J'ai conduit M. Tukuda et ses trois amis au « Nakamuraya » près de Sinjiku; ils firent quelques achats, puis ils revinrent à Yotuga et s'en allèrent, sauf M. Tukuda que j'ai reconduit chez lui ».

Le matin suivant, mon mari révéla le secret à tous ses domestiques personnels, attachés à lui depuis plusieurs années. Il leur dit :

« Mes amis, je suis en train de courir un grand danger, peut-être le plus grand de ma vie. Je vais cacher dans mon vieil atelier les deux pauvres Indiens condamnés à être expulsés en tant que révolutionnaires en exil. C'est une aventure hasardeuse pour moi. Mais je l'entreprends, car il s'agit là d'une affaire internationale. Nous, Japonais, ne pouvons tout de même pas les laisser mourir sous nos yeux? ».

Aucun d'eux ne fit la moindre objection. Les domestiques étaient au contraire plutôt contents de ce qu'ils venaient d'apprendre. Ils répondirent tous :

« Très bien, Maître, très bien. Nous vous aiderons, les protégerons, même au risque de notre vie. S'ils étaient attaqués, nous les défendrions par la force jusqu'à la mort afin que vous puissiez les emmener dans un endroit sûr pendant le combat. Nous en prenons l'engagement ».

Ils étaient si passionnés et pleins d'ardeur! Je confiai à une de mes servantes le soin de veiller sur Bose.

Heureusement, notre famille comprenait beaucoup de membres et de domestiques et il y avait toujours beaucoup de clients et d'amis dans notre magasin aussi bien que chez nous. Les étrangers n'y étaient pas rares. Aussi ne fûmes-nous jamais suspectés quand il nous arrivait de chercher de la nourriture pour des étrangers.

M. Bose fut surpris par mon domicile et ma famille. Notre maison se trouvait derrière le magasin. Quant à notre famille, c'était une grande famille – grande, car nous considérions que tous nos employés et nos domestiques en faisaient partie. Bose dut se sentir très mal à l'aise, solitaire et étranger parmi ces Japonais dont il ne pouvait comprendre la langue.

Je suis heureuse de dire que tous les membres de ma famille collaborèrent avec nous au salut de Bose. Je savais un peu l'anglais. Mais je ne pouvais voir Bose ni souvent, ni longtemps à la fois, car je devais m'occuper du magasin toute la journée. Je disparaissais de temps à autre et les clients demandaient : « Où est Mme Kokkoh ? On ne la voit plus maintenant ! » ou bien « Pourquoi Mme Kokkoh disparaît-elle de temps en temps ?... », etc.

Aussi devais-je conserver mes habitudes au magasin et écrire des petits mots en anglais à M. Bose, pour l'informer des changements de temps ou de climat, ou lui demander ce qu'il voulait prendre dans la soirée ou le lendemain matin. Mais écrire en anglais ne m'était pas facile. Je ne pouvais donner ces petits mots à mes domestiques en présence des clients pendant la journée. Il était extrêmement difficile de rester en contact étroit avec M. Bose. Je lui faisais passer ces billets avec précaution et en secret. Je faisais préparer ses repas à ma servante dans l'atelier.

D'après les journaux, les recherches sur la disparition des Indiens se poursuivaient de plus en plus activement. Beaucoup d'étrangers étaient sous surveillance ou détenus au poste de police. L'Ambassade britannique attaquait le Ministère des Affaires Etrangères et le blâmait de la disparition des deux Indiens. Des rumeurs circulaient, provenant de sources inattendues.

Un jour, le professeur X de l'Université de Waseda vint à notre magasin et dit à mon mari : « Je sais où Bose et son ami sont cachés ». Mon mari reçut un choc, mais lui demanda où ils étaient.

— « Oui, répondit le professeur, je suis sûr qu'ils se dissimulent dans la maison du Président de notre Université ».

Mon mari fut soulagé. Le comte Okuma, Président-Fondateur de la Société indo-japonaise était également suspecté. D'ailleurs, tout homme, pour peu qu'il occupât une situation importante, l'était.

M. Nisikito, préfet de police, pressé par le Ministre des Affaires Etrangères envoya des détectives dans toutes les boucheries de Tokyo. Aucun Indien ne consomme de viande, mais personne ne le savait à cette époque.

Mais après le raid illégal et brutal de la Marine britannique sur un navire japonais faisant route vers Hong-Kong, et l'enlèvement de six pauvres passagers innocents, l'opinion publique japonaise se dressa contre la politique britannique. Le ministre des Affaires Etrangères se vit également contraint de changer de politique. Et après quatre mois et demi, l'ordre d'expulsion de la préfecture de police fut retiré. M. Bose était donc libre et pouvait quitter notre maison en ce beau matin d'avril 1916. J'étais malade et alitée. J'étais victime de mon inquiétude et du grand chagrin d'avoir perdu mon bébé.

J'ai perdu ce bébé deux semaines après l'arrivée de M. Bose. A la suite de tous ces soucis, je n'avais pas suffisamment de lait pour nourrir mon bébé correctement. Depuis lors, la crainte permanente d'être suspectés par les détectives de la police et le chagrin provoqué par la perte de mon bébé m'avait abattue et m'obligeaient à garder le lit. Pourtant, il fallait que je me lève et paraisse au magasin pour protéger nos deux importants hôtes indiens.

Le matin de son départ, M. Bose vint me dire au revoir dans ma chambre, car je ne pouvais descendre.

Comme il était noble et beau dans son kimono japonais – qu'il est d'usage chez les Samouraïs de porter lors des cérémonies – et qu'il avait revêtu spécialement en ce jour mémorable. Il était resplendissant.

« Chère Mère, je ne sais comment vous remercier, vous avez perdu votre bébé pour me sauver. Mère, je n'ai pas de mots pour vous exprimer ma profonde gratitude ».

Il m'appela « mère » et je ne pus dire un mot. Nous pleurâmes la main dans la main. Il me fut impossible de descendre pour le voir partir. Mais depuis ma fenêtre, je suivis, les larmes aux yeux, sa voiture qui s'éloignait.

J'ai perdu mon bébé, mais j'ai gardé un contact étroit avec l'esprit de notre Grande Mère l'Inde.

APPENDICE II

BOSE ET TOSIKO

Il était presque impossible de protéger M. Bose des griffes brutales et sans pitié, et des menées illégales de l'Ambassade Britannique après son départ de la maison, à moins que quelqu'un veillât sur lui jour et nuit. Mon mari l'accompagnait ici et là, tous deux déguisés. Mais il ne pouvait continuer indéfiniment de la sorte et M. Bose ne pouvait rester seul. Il était toujours un étranger et il lui était très difficile de ne pas éveiller l'attention.

Nous étions très désireux de le protéger de l'Ambassade britannique. Nous ne savions quelle attitude adopter.

Un jour, M. Toyama proposa de marier ma fille aînée Tosiko à M. Bose.

Au début, nous fûmes désemparés par cette proposition inattendue. Nous dûmes y réfléchir pendant de longs jours. Nous aimions Bose comme notre fils. Il nous appelait père et mère. Notre affection envers M. Bose était quelque chose d'extraordinaire. Nous éprouvions le plus profond respect pour lui. Mais nous n'avions jamais songé à un mariage avec Tosiko. Jamais, même dans nos rêves les plus fous.

Mais comment en parler à Tosiko? C'était un sujet très délicat à aborder avec elle. De plus, c'était un sujet de réflexion qui dépassait une jeune fille allant encore à l'école.

Mais nous prîmes conscience qu'il y avait pas d'autre solution. Les poursuites des détectives payés par l'Ambassade britannique constituaient une menace de plus en plus grande. M. Bose était en danger.

Nous priâmes afin que Tosiko accepte cette mission hasardeuse et peut-être même dangereuse, pour l'amour de 400 millions d'Indiens.

Je me décidai enfin à parler à Tosiko de la proposition de Monsieur Toyama.

« Tosiko, ne pourrais-tu sauver M. Bose ? ... Nous savons que c'est une trop lourde tâche pour toi... Mais personne d'autre ne peut l'accomplir ».

Elle répondit : « Laisse-moi y réfléchir un certain temps, s'il te plaît, mère ».

De ce jour, elle devint taciturne. Jour après jour, elle réfléchissait avec grand sérieux.

Un mois se passa et le jour vint où je devais donner une réponse à M. Toyama. J'appelai Tosiko dans ma chambre et lui demandai quelle était sa décision. Pleine d'inquiétude et espérant qu'elle aurait décidé de son plein gré, j'attendis sa réponse avec un calme apparent.

Elle répondit posément : « S'il te plaît, mère, laisse-moi aller avec M. Bose et lui servir de bouclier vivant. J'y suis décidée ».

Je fus frappée par sa noble résolution. Elle était ma fille. Je ne pus déterminer si j'étais heureuse ou malheureuse. Je lui dis avec des larmes : « Tu me demandes de te laisser partir, mais il faut que tu saches que ce ne sera pas un mariage plein de joie et d'espoir. Veux-tu réellement t'unir à M. Bose ? Veux-tu réellement le protéger à tout prix ? ».

Je lui expliquai la situation encore et encore.

Mais elle était décidée.

Aussi nous demandâmes à M. Bose s'il acceptait de prendre Tosiko pour femme et s'il n'était pas déjà marié, car nous avions entendu dire que l'on se marie très tôt en Inde.

« Non, je ne suis pas marié. A l'âge de 15 ans, j'ai voué tout mon être à l'Indépendance de l'Inde. Je n'ai jamais songé au mariage depuis mon adolescence. Je ne suis même jamais plus allé voir mes parents, de peur que mon départ ne les rende malheureux. Bien plus, comment aurais-je pu imaginer une vie conjugale ? Mais si c'est l'intention de M. Toyama et si c'est celle de Tosiko, alors je ne peux que m'incliner... ».

M. Toyama fut très heureux d'apprendre que tous deux étaient décidés. Il dit : « Bien, bien, je ferai de mon mieux pour les protéger tous deux ».

Aussi Tosiko et Bose furent mariés devant M. Toyama et ce fut lui qui présida la cérémonie. Mais elle eut lieu dans le plus profond secret. Je laissai à mon fils Tikao (qui avait alors 19 ans) le soin d'organiser le mariage. J'étais toujours alitée. Tous les bagages et autres effets furent expédiés secrètement et le jour de la cérémonie arriva. Tosiko sortit accompagnée seulement par son père.

Quel départ solitaire pour la fille aînée de la famille Soma !

Je ne pouvais aller avec elle. Je la vis partir depuis ma fenêtre comme je l'avais fait pour Monsieur Bose quelques mois auparavant.

Quand Monsieur Bose fut naturalisé après ces huit longues années de vie solitaire de cachette en cachette, ayant changé plus de 17 fois de domicile pour échapper aux mains des assassins, Tosiko et lui purent avoir un petit foyer pour la première fois.

Mais ce fut alors que Tosiko s'éteignit, usée par cette longue tension nerveuse. Elle nous quitta à l'âge de 28 ans, sans avoir pu jouir d'une vie conjugale heureuse et laissant derrière elle un fils et une fille.

Sa vie fut misérable et brève.

Nous prîmes en charge les enfants de Monsieur Bose de façon qu'il puisse se dévouer totalement à l'Indépendance de son pays natal.

Dix ans plus tard, je dis à Monsieur Bose : « Vous devriez maintenant commencer une nouvelle vie. Nous pouvons nous charger de Masahide et Tetuko sans aucune difficulté. Ils sont déjà élevés ».

En vérité, plus d'une jeune fille japonaise, frappée par la noblesse d'esprit de Monsieur Bose, l'aurait volontiers épousé et aidé dans sa grande mission.

Mais il rit à l'idée d'un autre mariage.

« Mère, il est impossible de retrouver un amour comme celui de Tosiko. Cela m'est douloureux d'envisager même une telle chose. J'ai ma chère mère et mon cher père. C'est plus qu'assez. Je suis heureux. Tosiko est toujours avec moi, comme elle le fut durant ces huit chères années passées à me cacher. De plus, ma vie ne m'appartient pas, elle est offerte à mon pays natal. J'ai été et je suis heureux d'avoir eu huit ans avec Tosiko. C'est plus que suffisant ! « .

En entendant cela, je dis à ma fille toujours vivante dans mémoire :

« Tosiko, quelle heureuse fille tu es ! Monsieur Bose est vraiment un grand homme : il est un peu trop grand pour toi ! N'est-il pas vrai ? Tu es tout à fait heureuse, n'est-ce pas ? ».

(Tiré de « Un monde en évolution » par Mme Kokkoh Soma)

TABLE DES MATIERES

Imprimerie de la Manutention à Mayenne – Mars 1998 – N° 100-98

Dépôt légal : 1er trimestre 1998

Mme Kokkoh Soma
belle-mère de Rash Behari Bose

Rash Behari Bose
et sa femme Tosiko

Quelques Centres Macrobiotiques dans le monde

Allemagne	Macrobiotic Center of Berlin, Schustherusstr, 26 – D1000 BERLIN 10
Angleterre	East-West Foundation, 188 Old Street –LONDON EC1V, 8 BP
Argentine	Macrobiotica Universal, Paraguay 858 – 1057 BUENOS AIRES
Belgique	Den Teepot, 66 rue des Chartreux – 1000 BRUXELLES Centre Kimura, Predikherenlei 12 – 9000 GENT Oost-West Centrum, Conscience St. 44 – 2000 ANTWERPEN Hôtel Ignoramus, Stationsstraat 121 – B-3665 AS
Brésil	Institute Principio Unico, Plaça Carlos Gomez 60, 1er Andar, Liberdade – SÃO PAULO
Espagne	Vincent Ser, 2 General Mola-Olivar 1 – 46940 MANISES, Valencia
France	CIMO (Centre International Macrobiotique Ohsawa), 8 rue Rochebrune – 75011 PARIS Cuisine et santé macrobiotique, Pont de Valentine – 31800 ST GAUDENS Terre et partage, 4 place de l'Eglise – 67140 REICHSFELD
Guadeloupe	Michèle Weinsztok, Centre macrobiotique, 58 rue Frébault – 97110 POINTE A PITRE
Grèce	Centre Macrobiotique Hellénique, Vatatzi 25 – 11472 ATHENES
Hollande	Oost-Wes Centrum, Weteringschans 65 – 1017 RX AMSTERDAM
Italie	Un Punto Macrobiotico, via Nazionale 100 –62100 SFORZACOSTA
Israël	Macrobiotic Jerusalem, P.O. 618 – JERUSALEM 91006
Japon	Nippon C.I., 11-5 Ohyamacho, Shibuya-Ku – TOKYO 151 Osaka Seishoku, 2-1-1 Uchiawaji-Cho, Chuo-Ku – OSAKA 540

Liban	MACRODETTE (AGHAJANIAN), rue Saffine – Achrafieh – BEYROUTH
Luxembourg	Hubert Descamps, « La Moisson », rue Kettenhouscht – L-9142 BURDEN
Portugal	Carlos Ricardo Cortegaça – 2715 PERO PINHEIRO
Suède	Västergötlands Makrobiotiska Förening, Björklyckan, Hössna, S-523 97 – ULRICEHAMN
Suisse	International Macrobiotic Institute – 3723 KIENTAL Le Grain de Vie, 9 chemin sur Rang – 1234 PINCHAT (Canton de Genève)
Tchécoslovaquie	Makrobioklub, Mlynská 659 – 518 01 DOBRUSKA
Uruguay	Mauricio Waroquiers – Sierra Vista – CC 52080 – (2000) MALDONADO
USA	Kushi Institute, P.O. Box 7 – BECKET, MA 01223 G.O.M.F., 1511 Robinson St. – OROVILLE, CA 95965
Vietnam	Ohsawa House, 390 Dien Bien Phu, Binh Thanh, Thanh Pho, HO CHI MINH
Serbie	Srecko Milicevic, Custendilska 30 – 11060 BELGRADE